Thomas Grossmann

W0244774

Eine Liebe
wie jede andere

Mit homosexuellen Jugendlichen
leben und umgehen

Rowohlt

Für meine Eltern

Dies ist ein Buch aus dem
Büro für wissenschaftliche Publizistik
Dr. Horst Speichert
Teutonenstr. 32 b, 6200 Wiesbaden

12.–21. Tausend Mai 1988

Erweiterte Ausgabe
Veröffentlicht im Rowohlt Taschenbuch Verlag GmbH,
Reinbek bei Hamburg, Mai 1984
Dieser Band erschien erstmals 1984
in der Reihe «rororo Elternrat»
Copyright © 1984, 1988 by
Rowohlt Taschenbuch Verlag GmbH,
Reinbek bei Hamburg
Alle Rechte vorbehalten
Umschlaggestaltung Thomas Henning
Bildnachweis Thomas Grossmann
Satz Times (Linotron 202)
Gesamtherstellung Clausen & Bosse, Leck
Printed in Germany
980-ISBN 3 499 18451 6

Inhalt

Kapitel 1

Es ist raus ...

«Mein erster Gedanke war: Das kann doch nicht wahr sein! Clemens und homosexuell ... NEIN! So was gibt es nicht. Unser Sohn ist nicht einer von diesen ... diesen Männern!

Ich konnte kein Wort herausbringen.

Clemens war ein Jahr zuvor, als er achtzehn geworden war, ausgezogen und lebte seither mit zwei anderen Jungs in einer Wohngemeinschaft. Schon Jahre vorher hatte er sich mehr und mehr zurückgezogen und kaum noch über sich und seine Probleme geredet. Ich wollte ihn auch nicht dazu zwingen und hoffte auf ein besseres Verhältnis zwischen uns, sobald er nicht mehr bei uns wohnen würde.

Aber nach dem Auszug wurde es nur noch schwerer, an ihn heranzukommen. Er wollte keine Besuche von uns in seiner Wohnung, was besonders meinen Mann zu einigen Spekulationen veranlaßte. Er ist damit immer schnell bei der Hand. Zum Beispiel: in Wohngemeinschaften würden sie alle Hasch rauchen, Orgien feiern und so weiter.

Als Clemens dann eines Tages anrief und meinte, er wolle mit uns sprechen und ob wir abends Zeit hätten, kriegte ich einen gehörigen Schreck.

Was war passiert?

Hoffentlich, dachte ich, hat er nichts mit einem Mädchen und sitzt jetzt in der Patsche!

Clemens kam zwei Stunden später. Er wirkte nervös und ängstlich, gar nicht wie sonst. Er rückte auch nicht mit der Sprache raus, fragte, wie es uns geht, redete über alles mögliche. Es war eine merkwürdig gespannte Atmosphäre. Ich traute mich nicht so recht, genau nachzufragen, was denn los ist. Ich hatte wohl zuviel

Angst vor dem, was da vielleicht kommen würde. Denn eine gute Nachricht schien es gewiß nicht zu sein ...

Nebenbei lief im Fernsehen die Sportschau, und mein Mann tat so, als ob ihn unser Gespräch gar nichts anginge. Die Unterhaltung schleppte sich bestimmt eine halbe Stunde hin, bis ich die Aufregung nicht mehr aushielt. Ich fragte Clemens, ob er denn etwas Besonderes wolle, daß er mit einemmal mit uns reden will.

Er sah auf den Boden, dann mit einem schnellen, scheuen Blick zu meinem Mann. Er schien furchtbar mit sich zu kämpfen, was meine Angst noch steigerte. Was hatte der Junge bloß ausgefressen?

Schließlich, sehr zögernd, nach langer Pause kam es: ‹Ich wollte euch sagen, daß ich ... daß ich ... homosexuell bin.›

Was in den nächsten Minuten passierte, weiß ich nicht mehr.

Ich war wie vor den Kopf geschlagen.

Der Schock über die Nachricht war so groß, daß ich gar nicht mitbekam, wie mein Mann reagierte oder was Clemens als nächstes sagte. Ich verschloß mich total, wollte nichts mehr hören.

Wie durch einen Nebelschleier sah ich uns im Wohnzimmer sitzen, so, als ob ich nicht dazugehörte.

Ich glaube, mein Mann hat zuerst gar nichts gesagt, und Clemens hockte auf dem Rand seines Sessels.

Mir schossen alle möglichen Gedanken durch den Kopf. Das ist doch unmöglich! Nicht dein Clemens! Das kann nicht wahr sein. NEIN! NIEMALS! Man weiß, es gibt solche Leute, aber das sind kranke Menschen, die sich weibisch verhalten und hinter kleinen Jungs her sind.

Ich sah Clemens vor mir, hoch aufgeschossen, einen kräftigen Bartwuchs ums Kinn ...

Nein, Clemens ist ein ganz normaler junger Mann! Er kann nicht homosexuell sein!

Und wenn doch?

Mir wurde richtig schlecht bei dem Gedanken. Ob ich das überleben würde?

Immerhin, er war etwas anders als seine Schulkameraden, weicher, sensibler. Aber er war doch gern mit Mädchen zusammen!

Ich schrak hoch, als ich meinen Mann schreien hörte: ‹Ich will diesen Unfug nicht mehr hören! So etwas gibt es in unserer Familie nicht. Mein Sohn ist kein Schwuler! Das hast du bestimmt wieder von deinen komischen Freunden. Scher dich raus, und komm wieder, wenn du es dir anders überlegt hast!›

Clemens sprang auf, Tränen in den Augen, lief aus dem Zimmer, und kurz darauf knallte die Wohnungstür.

Ich saß, nun doppelt erschrocken, auf dem Sofa und weinte ebenfalls.

Was sollte ich bloß tun?

Ich konnte einfach keinen klaren Gedanken fassen, wehrte mich aber mit Händen und Füßen dagegen, die Wahrheit zu akzeptieren.

Alles ging so durcheinander.

Einerseits hatte ich meinen Sohn sehr lieb, andererseits war da plötzlich auch eine starke Abneigung, ja fast Ekel. In einem Moment war ich wütend, daß er es uns überhaupt gesagt hatte, im anderen Moment dachte ich daran, was aus ihm werden würde, falls es doch wahr ist.

Mein Mann brummelte nur was von ‹Dieser Lausejunge, dem werd ich Beine machen›, und widmete sich wieder der Sportschau. Er war nicht bereit, darüber zu sprechen, und so ging ich in die Küche, machte den Abwasch und räumte auf, um mich abzulenken.

Die folgende Nacht machte ich kaum ein Auge zu. Wenn das wahr wäre, wenn Clemens wirklich so sein sollte, dann wäre alles aus. Ich wußte nicht, wie ich das ertragen sollte. Irgendwie tröstete ich mich schließlich damit, daß alles bestimmt ein großer Irrtum sei. Ich konnte es mir einfach nicht vorstellen, daß Clemens homosexuell ist. Das gab es nicht.

Wahrscheinlich mußte er nur mal ein nettes Mädchen kennenlernen, das ihm zeigt, wie schön es mit Frauen ist.

Völlig durchnächtigt stand ich am Morgen auf und machte das Frühstück. Mein Mann tat so, als ob nichts wäre, aber er war zu dieser Tageszeit noch nie sehr gesprächig. Schweigend saßen wir am Tisch, während im Hintergrund das Radio lief.

Ein bißchen war es immer noch wie am Abend vorher. Ich nahm alles gar nicht richtig wahr – ich war immer noch wie betäubt.

Sonst höre ich ganz gern, was sie im Rundfunk bringen, aber an diesem Tag kriegte ich nicht mal die Zeitansagen mit. Mich beschäftigte nur, was mit Clemens los ist. Deshalb war ich froh, als mein Mann zur Arbeit ging.

Während ich fast mechanisch die Hausarbeit machte, zermarterte ich mir den Kopf, was ich bloß tun sollte.

Ich bin kein besonders gläubiger Mensch, aber an dem Morgen habe ich zu Gott gebetet, daß alles nicht wahr sein möge. Noch nie hatte ich mir etwas so sehr gewünscht.

Mir fiel Petra ein. Petra war eine Klassenkameradin von Clemens, und sie schien sich wirklich für ihn zu interessieren. Vielleicht sollte ich Petra mal einladen. Zu dumm, daß Clemens nicht mehr bei uns wohnte. So war es viel schwerer, etwas zu unternehmen.

Ja, wenn er Vater geworden wäre, das wäre zwar auch unangenehm gewesen, aber man hätte ihm doch helfen können, bis er seine Ausbildung fertig hat. Irgendwie wäre das schon gegangen.

Aber homosexuell?

Nein, selbst wenn es so wäre – das wollte ich nicht hinnehmen. Ich wollte einfach nicht. Nicht so was! Allein schon das Wort zu denken, war mir unangenehm.

Den ganzen Tag überlegte ich hin und her, wie ich Clemens helfen könnte, damit sich das gibt.

Je länger ich nachdachte, desto überzeugter wurde ich, daß ich etwas tun mußte.

Ich rief bei ihm an. Glücklicherweise war er da. Ich bat ihn, es seinem Vater nicht übelzunehmen, daß er sich so aufgeregt hat. Er würde es sich bestimmt noch einmal überlegen, sobald er in Ruhe darüber nachgedacht hat. Dann fragte ich ihn vorsichtig nach Petra, wie es ihr ginge und ob sie sich oft sehen. Erst ging er darauf ein, merkte dann aber, worauf ich hinauswollte, und sagte: ‹Mama, Petra ist ein liebes Mädchen, und ich habe sie auch echt gern. Aber nicht mehr! Begreif doch endlich, daß ich mich nicht für Mädchen interessiere!›

Mir war schwindelig.

Alles in mir sträubte sich: Nein! Ich will es nicht begreifen! Ich will nicht!

Clemens redete weiter, aber es war wie am Abend vorher – seine Worte rauschten an meinen Ohren vorbei. Ich wurde immer verzweifelter.

‹Bist du dir denn wirklich sicher, Clemens?›, fragte ich ihn. ‹Es gibt doch bei vielen Jugendlichen solche Phasen, wo sie sich zu

Männern hingezogen fühlen. Das ist ganz normal und geht auch mit der Zeit wieder vorüber.›

‹Mama›, sagte er, ‹ich bin neunzehn Jahre alt! Das ist keine Phase mehr. Ich weiß, daß ich homosexuell bin, ich weiß es schon lange. Ich wollte es bloß nicht wahrhaben. Aber jetzt, nachdem ich mit einem Mann geschlafen habe, gibt es für mich keinen Zweifel mehr.›

Mir schossen die Tränen in die Augen.

Clemens war ganz still, er fühlte sich wohl ebenso hilflos wie ich.

‹Kann man denn da überhaupt nichts machen›, versuchte ich schwach einen erneuten Anlauf. ‹Das ist doch nicht normal, und wenn du zum Arzt oder zum Psychologen gehst, kann der dir bestimmt helfen.›

Es war vergeblich, Clemens blieb hart. ‹Ich will mich doch gar nicht ändern! Ich bin glücklich so!›

Ich war sprachlos. Wie konnte er so etwas sagen? Ich konnte nicht fassen, wieso er jede Möglichkeit, sich zu ändern, beiseite wischte.

‹Mama, es tut mir leid, wenn es dir weh tut. Aber du mußt dich damit abfinden. Es läßt sich nichts daran ändern.›

Ich hängte wortlos ein.

Für mich brach eine Welt zusammen. Wie sollte es weitergehen? Ich heulte wie ein Schloßhund. Wie konnte er uns das antun? Warum muß das ausgerechnet uns passieren?

Alles war mit einem Schlag anders. Man denkt, eines Tages wird dein Sohn ein nettes Mädchen kennenlernen, sie werden heiraten und Kinder kriegen. Das ist alles so klar! Das überlegt man gar nicht länger, weil es so klar ist, oder?

Ich hatte schreckliche Gedanken an dem Nachmittag. Es ist mir sehr peinlich, das zuzugeben, aber damals wünschte ich mir direkt, Clemens wäre tot.

Das wäre zwar grauenvoll, aber ich könnte ihn in guter Erinnerung behalten. Ich könnte stolz auf ihn sein! Aber so schämte ich mich für das, was er ist.

Eigentlich war es beinahe so, als ob er tot wäre. Mein Clemens, wie ich ihn kannte, existierte nicht mehr. Da war jetzt ein Fremder, dessen Gefühle ich nicht verstand. Jemand, der mit meiner Welt nichts mehr zu tun haben wollte. Mir war, als hätte ich meinen Sohn verloren.

Ich war am Boden zerstört und habe nur geheult. Warum in aller Welt lehnte er es ab, was dagegen zu tun? Man muß doch irgend etwas machen können.

Wie konnte er sagen, daß er glücklich ist so? Mir war so elend. Ich dachte, wenn er mich wirklich lieben würde, dann würde er sich einer Behandlung unterziehen. Er muß doch merken, wie schlimm das Ganze für mich ist!

Ich habe gedacht, ich werde verrückt, so sehr zermarterte ich mir den Kopf. Ich kann es gar nicht beschreiben, es war für mich eine Katastrophe. Wenn man das reparieren könnte – ich hätte alles dafür gegeben, alles!

Immer wieder kam es hoch, und ich konnte nur noch weinen. Meine Nerven waren zum Zerreißen gespannt.

Ich dachte an früher. Wie ich mich über die Geburt unseres Sohnes gefreut hatte. Was für ein lieber Junge er damals war. Er konnte so strahlend lachen mit seinen hellen Augen! Selbst die Kindergärtnerin lobte ihn, wie brav er war. Diese Erinnerungen machten es noch unerträglicher.

Ich glaube, ich habe noch nie in meinem Leben so viel geweint. Es war grauenvoll.

In den folgenden Tagen war ich von einer seltsamen Unruhe getrieben. Ich konnte nicht stillsitzen, fand kaum mal eine ruhige Minute. Ich mußte mich einfach beschäftigen, damit ich nicht immer gegrübelt hab. Manchmal gelang es mir, die Gedanken zu verdrängen, aber nie lange.

In einer Nacht habe ich geträumt, Clemens würde zu mir kommen und sagen: ‹Es stimmt gar nicht. Es war ein Mißverständnis.› Ich war überglücklich – aber es war bloß ein Traum.

Oberflächlich gesehen ging das Leben weiter.

Mein Mann verlor weiterhin kein Wort über die Angelegenheit, und als ich einmal darüber sprechen wollte, fuhr er mich gleich an. Ich solle nicht auch noch damit anfangen, Clemens würde schon noch zur Vernunft kommen.

Im Grunde ist mein Mann ein herzensguter Mensch.

Er hat auch immer gut für uns gesorgt und sich im Beruf abgestrampelt. Aber in diesen Dingen ist er eben etwas eigen.

Das war eigentlich das Schlimmste, mit niemandem drüber reden zu können.

Meinen Eltern mochte ich es nicht sagen. Die hatten mir sowieso schon seit Jahren Vorwürfe gemacht, weil sich Clemens so merkwürdig aufführte: ‹Du hast den Jungen falsch erzogen. Du hättest ihn härter rannehmen müssen, dann wäre es jetzt anders.›

Nein, das hätte alles nur schwieriger gemacht, wenn auch noch das Theater mit meinen Eltern dazugekommen wäre.

Ich hatte selbst genug damit zu tun.

Vor allem begann ich immer mehr, mir selbst Vorwürfe zu machen. Ich fragte mich dauernd, was ich falsch gemacht habe. Hätte ich es bloß früher gewußt. Vielleicht hätte man was tun können, als er noch jünger war.

Mir war so elend, als ich daran dachte. Warum bloß habe ich es hingenommen, daß Clemens sich immer mehr zurückzog?

Er ist so sensibel, und ich befürchtete, irgendwelche älteren Homosexuellen könnten seine Unkenntnis ausgenutzt und ihn auf den falschen Weg gebracht haben. Aber warum war uns das nicht früher aufgefallen?

Ständig stand mir dieser eine Satz vor Augen: Du hast als Mutter versagt!

Es hat viele Wochen gedauert, bis ich mich einigermaßen mit der Realität abfinden konnte. Manchmal sagte ich zu mir, komm, das Leben geht weiter, du mußt damit leben. Aber es war trotzdem schwer, sehr schwer.

Immer wieder kriegte ich Depressionen. Die Zukunft erschien mir so aussichtslos! Ich dachte, ich werde nie wieder lachen können. Alle meine Pläne waren über den Haufen geworfen.

Was sollte werden?

Seinen Wunsch, Lehrer zu werden, konnte Clemens sich wohl abschminken. Homosexuelle Lehrer würden bestimmt nicht geduldet.

Und was würde sein, wenn wir mal nicht mehr sind? Ich sah ihn in meiner Vorstellung einsam und allein durch die Straßen ziehen – ohne Frau und Kinder, ohne jemanden, der ihn liebhat. Oder ob er einen Freund finden würde? Wie sehr wünschte ich ihm, daß er einen Menschen trifft, der zu ihm hält und ihn gern hat! Aber das ist wohl selten bei Homosexuellen. Meist sind die ja nur an Sex interessiert.

Mir wurde klar, wie wenig ich über Homosexualität wußte. Wer interessiert sich schon für so was, solange man nicht betroffen ist? Ich bin sehr prüde erzogen worden, und meine Mutter hatte ständig Angst, daß mir was passiert. Sie hat mich immer unheimlich bange gemacht.

Mühsam kramte ich mir einiges an Informationen aus Büchern und Zeitschriften zusammen. Viel war das nicht, aber ich merkte bald, wie falsch meine Vorstellungen über Homosexualität bisher waren.»

Der Mangel an vernünftigen Informationen und die Sorgen um die Zukunft ihres Sohnes brachten diese Mutter schließlich in unsere Beratungsstelle, wo sie mir ihre Geschichte erzählte.

Entsetzen, Scham, Enttäuschung, Selbstvorwürfe, Sorgen um die Zukunft – diese Reaktionen erlebe ich immer wieder bei Eltern, die von der Homosexualität ihrer Tochter oder ihres Sohnes erfahren.

Ich finde: Es sind verständliche Gefühle – und es handelt sich auch um ein verständliches Verhalten, so schrecklich es sich auch auf alle Beteiligten auswirken mag.

Viele Homosexuelle tun sich schwer, die Gedanken und Gefühle sowie die Verhaltensweisen ihrer Eltern zu verstehen.

Viele von ihnen vergessen oder bedenken nicht, daß das ihnen vertraute liberalere Klima, welches Toleranz gegenüber Andersartigem fördert, erst vor kurzem eingesetzt hat.

Für sie mag es vielleicht unproblematisch sein, Homosexuelle zu akzeptieren und sich selbst anzunehmen. Die Generation der Eltern ist in einer anderen Atmosphäre aufgewachsen und hat es schwer, umzudenken und umzulernen.

Dieses Buch möchte dazu beitragen.

Es werden noch mehr Eltern zu Wort kommen, die über ihre Erfahrungen berichten.

Wir wollen uns ausführlich mit den Problemen befassen, die fast alle beschäftigen, sobald sie mit homosexuellen Jugendlichen konfrontiert sind, ob als Vater oder Mutter, ob als Erzieher im Heim oder als Lehrer in der Schule.

Und wir wollen Homosexuelle selbst zu Wort kommen lassen, um mehr über sie und ihr Leben zu erfahren.

Doch zuerst gehen wir auf den Seiten im nächsten Kapitel folgenden Fragen nach:

- Was genau ist unter Homosexualität zu verstehen?
- Was wissen wir – auch durch die Wissenschaft – über die Ursachen homosexuellen Verhaltens?
- Was hat es mit den Vorstellungen über Homosexuelle auf sich, die beständig durch unsere Medien und unsere Köpfe geistern?

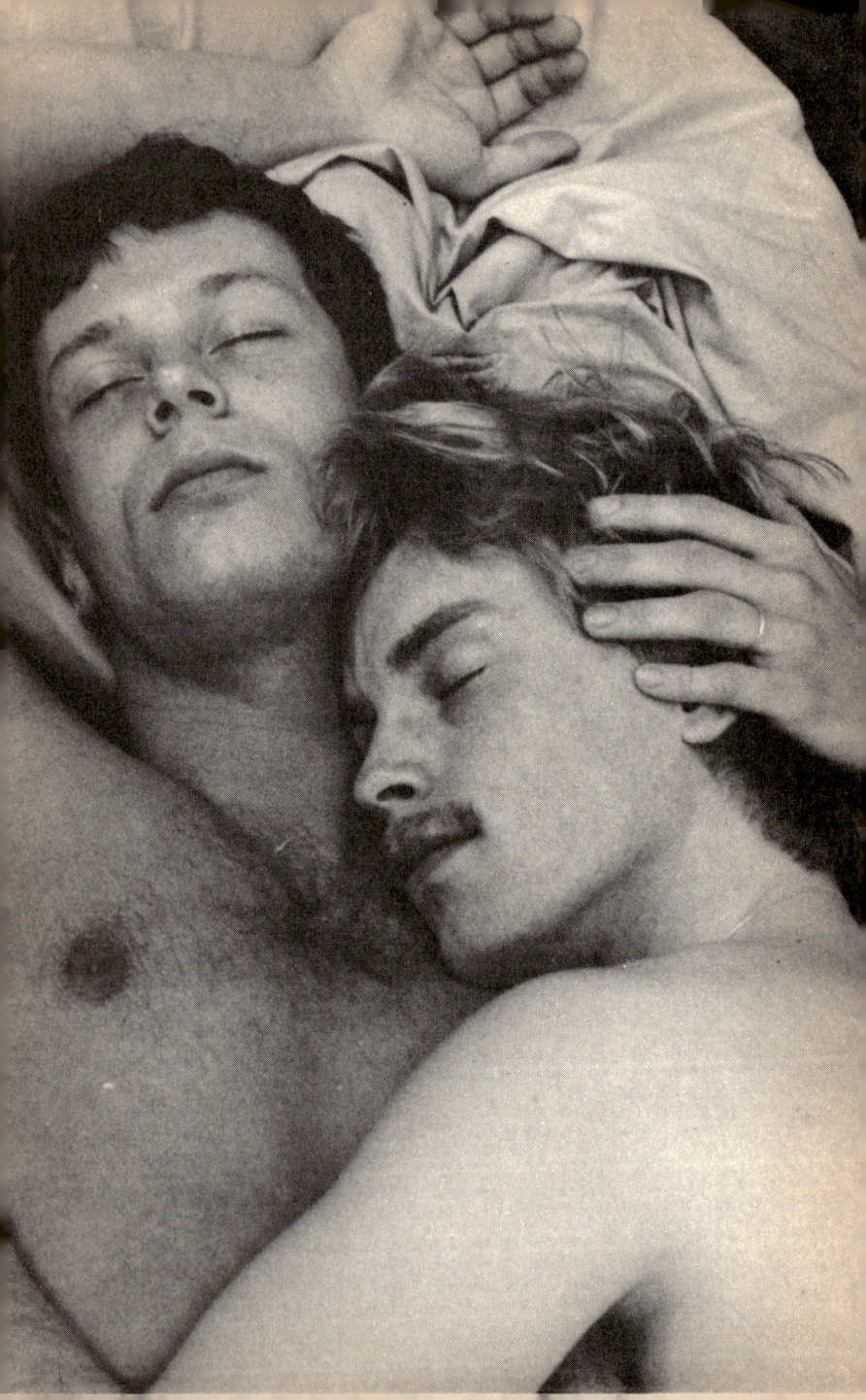

Kapitel 2

Homosexuelle – die unbekannten Wesen

«Ich fühlte mich so hilflos und allein gelassen. Was wußte ich schon über Homosexualität? Nichts! Nichts, außer dem, was in der Zeitung steht: daß sie kleine Kinder verführen und umbringen, daß sie sich gegenseitig töten oder von Männern ermordet werden, denen sie zu nahe treten. Ich wuchs zu einer Zeit auf, als man über Homosexualität, über Sexualität allgemein nicht sprach. Bevor ich erwachsen wurde, hatte ich noch nicht mal davon gehört, daß es Homosexuelle gibt!»

«Bei Homosexuellen, da habe ich immer gedacht, das sind alte Männer, die kaufen sich Jungen. Das sind Schauspieler oder so, die auch das Geld dafür haben, junge Männer zu bezahlen.»

«Ich war der Meinung, das wäre was, was sich nur in der Pubertät abspielt, aber dann wieder weggeht.»

«Es ist alles so neu für uns, für meinen Mann und mich. Wir mußten über diese Dinge nie nachdenken ...»

Vier Aussagen unter vielen, die den (erschreckenden) Mangel an Informationen deutlich machen. Gerade das letzte Zitat – «Es ist alles so neu für uns ...» – zeigt auch, wieso die meisten Menschen wenig über Homosexualität wissen: Das ist kein Thema, mit dem man sich beschäftigt! Im «normalen» Alltag kommt es nicht vor. Man hat genug Sorgen.

Eines Tages ist dann – wie viele es empfinden – die Katastrophe da. Das eigene Kind behauptet, homosexuell zu sein. Nachdem der erste Schock überwunden ist, stellen viele Eltern fest, daß sie mit einem Thema konfrontiert sind, über das sie ja so gut wie gar nichts wissen. Sie gehen auf die Suche, mühen sich ab, um irgendwie mehr über dieses Thema zu erfahren. Und dabei kommen sie in vielen Fällen womöglich vom Regen in die Traufe.

«In den Illustrierten stand ja nie was Gescheites darüber, immer nur Mord und Verbrechen. Deshalb suchte ich nach Büchern über Homosexualität, und das war das Dümmste, was ich tun konnte. Es gibt bisher viel zuwenig Bücher, in denen vernünftige Sachen stehen.» So berichtete mir einmal eine Mutter. Und sie fuhr fort:

«Ein Psychiater, dessen Buch ich las, schrieb zum Beispiel, daß alle Homosexuellen unglückliche Menschen sind, die ihr Leben lang einsam bleiben müssen. Er schrieb auch, daß die Mütter daran schuld sind, wenn ein Junge homosexuell wird. In einem anderen Buch stand, wie oft Homosexuelle Kinder verführen. Ich habe zuerst alles geglaubt und hatte das Gefühl, mein Sohn wäre ein perverser, kranker, abartiger Mensch, der dazu verdammt ist, ein gräßliches Leben ohne Freunde zu führen.»

Für diese Mutter hatte die Suche nach Klarheit zunächst nur Verwirrung, Schuldgefühle, ja Verzweiflung gebracht. Am schlimmsten sind Eltern lesbischer Töchter dran:

«Überall, wo etwas über Homosexualität stand, war von Männern die Rede. Fast nie kamen homosexuelle Frauen vor. Als ob es sie gar nicht gäbe.»

Wie können Eltern sich auf dieser Grundlage eine eigene Meinung bilden? Wie können sie erfahren, ob es stimmt, was sie bisher gehört haben?

Ich will in diesem Kapitel versuchen, einige Informationen zusammenzutragen und darauf einzugehen, wie schwierig es oft ist, sie für sich zu akzeptieren.

Was ist Homosexualität?

In Lexika, Wörterbüchern oder Fachschriften finden sich gleichförmig klingende Definitionen:

«Sexueller Trieb, der auf das eigene Geschlecht gerichtet ist» (*Duden-Lexikon*)

«Sexuelle Kontakte unter gleichgeschlechtlichen Partnern» (*Wörterbuch der medizinischen Fachausdrücke*)

«Sexuelle Beziehungen zwischen Partnern desselben Geschlechts» (*Magee: Einer von zwanzig*)

Sexueller Trieb, sexuelle Kontakte, sexuelle Beziehungen – ist es da erstaunlich, wenn die meisten Menschen Homosexualität im-

Homosexualität f: sexuelle Kontakte unter
gleichgeschlechtlichen Partnern, bei Frauen
als lesbische Liebe (s. Ovariomanie*) bezeichnet. Ob es sich dabei um eine krankhafte Ab-
‑‑‑ Sexualempfindens handelt, ist wissen-

‑‑ „gleich (homo-) ‑‑‑ bedeutet ...übagen gleichgeschlechtlich. Es bezeichnet also die sexuellen Beziehungen zwischen
Partnern desselben Geschlechts, gleichviel ob zwischen Männern oder zwischen Frauen. Für die homosexuelle Frau gibt
es eine eigene Bezeichnung *(Lesbierin)*, für den homosexuellen
Mann nicht.

Homosexualität *[gr.-lat.]*,
sexueller Trieb, der auf das
gleiche Geschlecht gerichtet ist;
tritt als angeborene Anlage
od erworbene Perversion in Er-

mer nur mit Sex in Verbindung bringen? Homosexualität aber ist
mehr, sehr viel mehr: Gefühle, gemeinsames Erleben, Zuneigung,
Freundschaft, Liebe. Nur eben mit Partnern, die dem eigenen Geschlecht angehören.

Homosexualität bedeutet:
– als Mann einen Mann und als Frau eine Frau zu lieben
– gegenüber Angehörigen des eigenen Geschlechts zärtliche Gefühle zu haben
– sich sexuell stärker oder ausschließlich durch gleichgeschlechtliche Partner angezogen zu fühlen
– als Mann Freude am Anblick von Männern zu haben und als
  Frau die Ausstrahlung einer Frau zu mögen
  Strenggenommen ist also Homosexualität im Spiel, wenn zwei

Mädchen miteinander Arm in Arm gehen oder wenn ein Vater mit seinem Sohn schmust.

Da höre ich schon viele protestieren: «Nie und nimmer ist das Homosexualität!» Fast alle Eltern empören sich, sobald ich in den ersten Gesprächen mit ihnen an diesem Punkt angelangt bin.

Wieso?

Der erste Grund für den empörten Aufschrei ist die schon erwähnte übliche Gleichsetzung von Sexualität mit Geschlechtsverkehr. Sexualität ist, so haben wir es gelernt, der ‹Koitus› zwischen Mann und Frau, wie es Mediziner und andere Fachleute gern auf lateinisch ausdrücken. Das klingt zwar etwas kühl und läßt wenig Spaß an der Sache erkennen, aber es ist «stubenrein».

Im Deutschen gibt es dafür den vornehmen Ausdruck ‹Vereinigung›. Bloß: Besteht all das, was zwischen Frauen und Männern passiert, einzig aus einer ‹Vereinigung› ab und an?

Sicher nicht!

Allein schon das berühmte ‹Vorspiel› ist mehr, Zärtlichkeit, Umarmung, Küssen, Streicheln, Sich-aneinander-Schmiegen. Gehen wir jetzt noch einen Schritt weiter weg von der ‹Vereinigung›: der Guten-Morgen-Kuß, das liebevolle Umarmen zum Abschied. Jetzt frage ich Sie, wo ist die Grenze zwischen Sexualität und dem anderen zu ziehen, für das es offenbar nicht mal einen eigenen Oberbegriff gibt?

Aber es gibt noch einen zweiten Grund für den Protest der Eltern: Was ich beschrieben habe, sind Alltagshandlungen, die jeder von uns manchmal tut, schon getan hat.

«Aber deshalb bin ich doch nicht homosexuell!» geht der Widerspruch weiter.

Richtig, Sie sind deswegen nicht homosexuell. Aber Sie haben sich homosexuell verhalten, denn Sie haben mit einem Angehörigen des gleichen Geschlechts Zärtlichkeiten ausgetauscht!

So verstanden, ist Homosexualität nichts Fremdes mehr für uns alle – nur das Ausmaß der erotischen oder sexuellen Bedürfnisse gegenüber dem eigenen Geschlecht ist unterschiedlich.

Es ist nicht einfach, alte Vorstellungen von Sexualität, Erotik und Liebe gegen ein neues Verständnis auszuwechseln. Auch die Wissenschaft hat viele Jahre dazu gebraucht.

Dr. Alfred Kinsey als großer Tabu-Brecher auf dem Gebiet der Sexualforschung hatte zu Beginn seiner Forschungen dieselbe

Vorstellung von Sexualität, wie sie viele Menschen noch heute teilen: es handelt sich um etwas, was vorwiegend mit Koitus und sexueller Befriedigung zu tun hat.

Zwischen 1938 und 1947 ließ er über zehntausend amerikanische Männer und Frauen über ihr sexuelles Verhalten befragen. Diese bisher einmalige, repräsentative Untersuchung löste helle Empörung aus bei jenen, die allein den ‹Koitus› mit Sexualität verbanden und zugleich in ihm die einzige erlaubte Form von Sexualität sahen: Bischöfe, konservative Politiker und Moralapostel. Plötzlich stand dort schwarz auf weiß, daß diese oder jene Art des Liebesspiels gar nicht so ausgefallen war. Auf einmal war klar: Millionen von Amerikanern hatten sexuelle Vorlieben, die bis dahin als pervers und unnormal galten!

Den größten Skandal machten die Ergebnisse über Homosexualität. Kinsey konnte durch seine Untersuchung belegen, daß ein Großteil aller Männer mindestens einmal in seinem Leben ein homosexuelles Erlebnis hatte, das mit sexueller Befriedigung verbunden war. Homosexualität war mit einemmal nicht mehr etwas, was in der Pubertät bei manchen Jungen auftritt oder einige wenige Männer und Frauen betrifft. Dabei faßte Kinsey – wie schon erwähnt – Sexualität viel enger, als man es heute tut, und berücksichtigte nur direkte Kontakte mit sexueller Befriedigung.

Es gibt keine Homosexuellen!

Kinsey zog aus seinen Umfrage-Ergebnissen den Schluß, daß die meisten Menschen sowohl homosexuelle als auch heterosexuelle, das heißt auf das andere Geschlecht gerichtete, also die sogenannten ‹normalen› Bedürfnisse haben.

Dasselbe hatte Sigmund Freud, der Begründer der Psychoanalyse, bereits 1904 geschrieben: «Die psychoanalytische Forschung widersetzt sich mit aller Entschiedenheit dem Versuche, die Homosexuellen als eine besonders geartete Gruppe von den anderen Menschen abzutrennen. Indem sie auch andere ... Sexualerregungen studiert, erfährt sie, daß alle Menschen der gleichgeschlechtlichen Objektwahl fähig sind.» (Freud 1961, S. 22)

Anders formuliert: der Mensch ist von der Anlage her bisexuell,

ist also fähig, gegenüber Menschen beiderlei Geschlechts gefühlsmäßige und sexuelle Empfindungen zu haben.

Freud hat seine Erkenntnisse aus der psychoanalytischen Praxis
hergeleitet. In der jahrzehntelangen Beschäftigung mit seinen
Patienten und ihrer seelischen Entwicklung entdeckte er, daß die
ausschließliche Neigung des Menschen zum anderen Geschlecht
(= Heterosexualität) ein Ammenmärchen ist!

Aber nicht nur die seelenärztliche Erfahrung lieferte für diese
Erkenntnis Anhaltspunkte, auch die Geschichte und die verglei-
chende Völkerkunde liefern dafür die Beweise.

Beide Wissenschaften tun dasselbe, sie betrachten das Leben
und das Verhalten der Menschen in anderen Kulturen – entweder
in vergangenen, wie etwa der alten griechischen, oder in heutigen,
wie etwa im Dschungel von Neuguinea.

Diese Wissenschaften vergleichen ihre Erkenntnisse z. B. über
das Verhalten der Menschen im alten Griechenland oder bei sogenannten Primitiven der Gegenwart mit unserer Kultur und unserem Verhalten. Solche Vergleiche ermöglichen es, sich darüber
Gedanken zu machen, was vom Verhalten sozusagen «ursprünglich» im Menschen angelegt und was durch die jeweiligen Zeitum-
stände geprägt ist.

Die Resultate sind verblüffend.

Im alten Griechenland beispielsweise waren die meisten Männer bisexuell.* Sie hatten eine Frau und Kinder, aber auch männliche Liebhaber, meist jugendlichen Alters. Einseitigkeiten waren verpönt. Wer nur Männer liebte, wurde verachtet, und wer nur Frauen liebte, verlacht.

Völkerkundler fanden Homosexualität bei den unterschiedlichsten Kulturen.

Bei den Siwa in Afrika etwa fallen Männer als merkwürdig auf, die keine homosexuellen Beziehungen haben, ebenso ist es bei den Keraki auf Neuguinea (Ford/Beach 1968, S. 141).

Das Geschlechtsleben der Marind-Anim auf Neuguinea ist dem in unserer Kultur sogar völlig entgegengesetzt. Homosexuelles Verhalten ist die Regel, nur einmal jährlich schlafen Männer und Frauen miteinander, um Kinder zu zeugen. Diese einmal im Jahr durch die Sitte gebotene sexuelle Vereinigung von Mann und Frau ist für die Marind-Anim so ekelhaft und abartig, daß den Göttern jedesmal Menschenopfer gebracht werden, damit die Männer bei dem Akt nicht versagen (Bornemann 1978, S. 591 f).

Diese und viele andere Tatsachen menschlichen Verhaltens zeigen mit nicht zu widerlegender Deutlichkeit: Von seinen «natürlichen» Möglichkeiten her ist «der Mensch» bisexuell. Auch wenn es dem einzelnen auf Grund seiner eigenen Erfahrungen und Empfindungen völlig ausgeschlossen zu sein scheint.

Aber diese unsere Erfahrungen und Empfindungen haben ja nur zum Teil mit den natürlichen Gaben zu tun, welche wir sozusagen auf Grund unserer biologischen Ausstattung besitzen, ohne vielleicht davon zu ahnen.

Wir machen unterschiedliche Erfahrungen und haben deshalb unterschiedliche Empfindungen. Das gilt auch für die Homosexualität in uns.

Die homosexuelle Komponente ist beim einen stärker ausgeprägt als beim anderen.

Der schon erwähnte amerikanische Sexualwissenschaftler Kinsey versuchte, diesen Tatbestand in einem Modell zu erfassen. (s. S. 26)

Auf Grund seiner Forschungsergebnisse unterteilte er die Men-

* Über die sexuellen Bedürfnisse der Frauen wissen wir leider zuwenig; das frühe griechische Gemeinwesen war ein ausgeprägter Männerstaat.

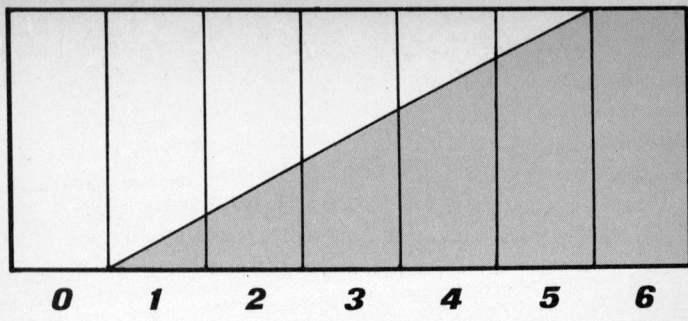

schen in sieben Gruppen. In Gruppe 0 kommen alle, die sich ausschließlich heterosexuell, in die Gruppe 6 alle, die sich ausschließlich homosexuell verhalten. Die Angehörigen der Gruppen 1 bis 5 sind bisexuell, wobei die homosexuellen Neigungen und Verhaltensweisen in Gruppe 1 relativ schwach, in Gruppe 5 ausgesprochen stark sind. Für heterosexuelle Bedürfnisse und Praktiken gilt das Gegenteil. Natürlich hätte er auch mehr Gruppen bilden können, so daß die Abstufungen feiner werden, denn die Wirklichkeit ist stufenlos. Aber dies ist eben ein Modell, eine vereinfachende Abbildung der Realität.

Nach den Forschungsergebnissen von Kinsey ist der größte Teil der Menschen in unterschiedlichen Ausprägungen bisexuell.

Diese Erkenntnis scheint nun überhaupt nicht mit unseren konkreten Alltagserfahrungen übereinzustimmen, ist doch der bei weitem größere Teil von Männern und Frauen in heterosexuellen Beziehungen engagiert, ob nun verheiratet oder nicht.

Betrachtet man die Angelegenheit genauer, so ist das auch gar nicht verwunderlich.

Bis vor wenigen Jahren wurde Homosexualität im christlich-abendländischen Kulturkreis allgemein als Krankheit oder Perversion angesehen. Wer gleichgeschlechtliche Beziehungen hatte, wurde im besten Fall als armer Verirrter bemitleidet, im schlimmsten Fall auf dem Scheiterhaufen verbrannt. Heterosexuelle Liebe war die einzig anerkannte Form enger zwischenmenschlicher Beziehungen.

Von klein auf bringt man Kindern bei, welche Zärtlichkeiten ‹erlaubt› sind und welche nicht. Besonders Jungen werden dazu

Alfred Kinsey   Sigmund Freud

angehalten, mit zunehmendem Alter nicht mehr Arm in Arm mit anderen Jungs zu gehen.

«Ein Mann tut das nicht!»

Zuerst sind es Eltern und andere Erwachsene, später auch die Spielkameraden, die körperliche Berührungen zwischen Jugendlichen sofort mit Ausrufen wie «Du bist wohl schwul» oder «Guck mal, die Lesben» brandmarken.

Körperkontakt ist nur beim Prügeln erlaubt.

Wir lernen so, zärtliche Gefühle gegenüber gleichgeschlechtlichen anderen als unpassend, ekelhaft und nicht erwünscht zu betrachten. So wie wir als Männer nach einer entsprechenden Erziehung uns nicht mehr trauen, Tränen zu vergießen, ja, in vielen Fällen nicht einmal mehr ein Bedürfnis dazu verspüren, so ergeht es uns auch mit unseren homosexuellen Neigungen.

Für den einzelnen bedeutet das: Wenn du in dir Regungen spürst, die dich zu einem Menschen des eigenen Geschlechts hinziehen, so geht in deinem Inneren eine Alarmglocke los.

Die Angst hängt sich an die aufkeimenden Wünsche und Phantasien wie ein Mühlstein und zieht sie hinab in das, was wir seit Freud Unbewußtes oder Unterbewußtsein nennen. Die Bedürf-

Einige verbreitete populäre Alltagstheorien über die Entstehung von gleichgeschlechtlichen Neigungen

Am geläufigsten waren und sind die volkstümlichen Kommentare darüber, wie die angeblich ‹unnatürliche› Zuneigung zum eigenen Geschlecht entstünde.

● «Lesben haben keinen Mann abgekriegt.»

Homosexualität wird hier mit einem Mauerblümchen-Dasein begründet. Eine unattraktive Frau wird dadurch angeblich zur Lesbe. Wie absurd diese Behauptung ist, offenbart der logische Umkehrschluß: «Heterosexuelle Frauen haben keine Frau abgekriegt.»

Die Behauptung ist nicht nur absurd, sondern obendrein falsch. Das zeigt sich daran, daß viele lesbische Frauen zuerst einmal Beziehungen zu Männern hatten, ehe sie ihre gleichgeschlechtlichen Bedürfnisse entdeckten. Ihr Ja zur Homosexualität kommt mithin, obwohl sie längst ‹einen Mann gekriegt› haben.

● «Jemand wird schwul, weil er der Frauen überdrüssig ist.»

Dies ist die genau entgegengesetzte Behauptung. Ein Mann hat angeblich genug von der Heterosexualität und wird deshalb homosexuell. Auch diese Erklärung erweist sich als Vorurteil angesichts der vielen homosexuellen Männer, die nie in ihrem Leben Geschlechtsverkehr mit Frauen hatten.

● «Ein Junge wird homosexuell, nachdem ihn ein älterer Mann verführt hat.»

Welch geheimnisvolle Kräfte müssen ältere Männer haben, die einen heterosexuellen Jungen ‹umdrehen› können! Homosexualität wird bei diesem Erklärungsversuch wie eine Infektionskrankheit angesehen, bei der intimer Kontakt ansteckt. Falls man so etwas nicht annehmen mag, bleibt nur, daß Homosexualität unheimlich reizvoll sein muß. Wie sonst könnte ein homosexuelles Erlebnis trotz starker Ablehnung der Umwelt für jemanden so attraktiv sein, daß er ‹konvertiert›? Nein, auch diese Erklärung ist falsch. Zwar hält sie sich hartnäckig und ist die wichtigste Begründung für die strafrechtliche Verfolgung von sexuellen Kontakten mit Minderjährigen. Auch behaupten einige Homosexuelle gern sich selbst und anderen gegenüber, verführt worden zu sein – in der Hoffnung, sich damit von Schuldgefühlen reinwaschen zu können.

Trotzdem gibt es keine Verführung zur Homosexualität, wenigstens nicht so, wie man es generell meint. Die bisher größte Studie darüber, wie sexuelle Vorlieben entstehen, bewies das eindeutig. Das Kinsey-Institut befragte 1969 und 1970 in den Vereinigten Staaten 1979 homosexuelle und 477 heterosexuelle Männer und Frauen. Die Autoren schreiben: «Wir fanden keine Bestätigung für die Ansicht, daß männliche Homosexuelle meist von einem älteren Mann ‹verführt› worden seien. Nur wenige Probanden – weniger homosexuelle als heterosexuelle Männer – bezeichneten den bei ihrer ersten homosexuellen Begegnung beteiligten Partner als viel älter als sie selbst» (Bell u. a. 1981, S. 116).

Noch deutlicher ist ein zweites Ergebnis. Nur 39 Prozent der homosexuellen, aber 62 Prozent aller heterosexuellen Männer berichteten, daß sie ihr erstes sexuelles Erlebnis mit einem Jungen oder Mann hatten (Bell u. a. 1981, S. 126).

Obwohl jeder zweite Heterosexuelle als erstes einen homosexuellen Kontakt hatte, wurde er nicht homosexuell! Also: Homosexuelle sind gewiß nicht so geworden, weil sie verführt wurden.

● «Das Leben in Internaten macht Jungen und Mädchen homosexuell.»

Dies ist eine alte Befürchtung, die gern von Nachbarn, Eltern oder Verwandten nachträglich als Begründung herangezogen wird. Es mag stimmen, daß Jugendliche und Erwachsene unter besonderen Bedingungen eher zu homosexuellen Kontakten neigen, vor allem dann, wenn keine andersgeschlechtlichen Partner da sind: in Gefängnissen, in der Armee, auf Schiffen und in Internaten. Wie wir jedoch weiter vorn festgestellt haben, ist die Fähigkeit, homosexuellen Begegnungen etwas Gutes abzugewinnen, weit stärker verbreitet als nur bei jenen, die ausschließlich homosexuell sind. Unter den besonderen Bedingungen kommt lediglich die bisexuelle Anlage der Menschen unmißverständlich zum Vorschein. Sobald wieder heterosexuelle Beziehungen möglich sind, werden diese von den vorwiegend Heterosexuellen bevorzugt. Was bleiben kann, ist das Bewußtsein der eigenen sexuellen Bandbreite, der eigenen homosexuellen Anteile. Nicht mehr – was einige Homosexuelle schmerzhaft erfahren mußten, als ihre begonnenen Freundschaften zerbrachen, sobald ihr Freund oder ihre Freundin wieder Gelegenheit zu andersgeschlechtlichen Kontakten hatte.

Soviel zu den besonders populären Erklärungstheorien, die alle einer wissenschaftlichen Überprüfung nicht standhalten. Meist genügt sogar vernünftiges Nachdenken, um die Absurdität zutage treten zu lassen.

nisse werden ‹verdrängt›. Nur gelegentlich kommen diese verdrängten Gefühle an die Oberfläche. Offen, wie bei homosexuellen Beziehungen in Gefängnissen und während der Pubertät, oder bloß andeutungsweise, wie bei engen Männerfreundschaften, Fußballkameraden und so weiter.

Was ist die Konsequenz? Anstelle einer Vielfalt sexueller Neigungen beide Geschlechter betreffend, wie sie Kinseys Darstellung zeigt, finden wir bei den meisten Menschen eine scheinbar pure Heterosexualität, so daß es sich am entsprechenden Ende von Kinseys Skala ziemlich drängelt. Die Erziehung hat diese Menschen ‹vergessen› lassen, daß sie im Grunde auch gleichgeschlechtliche Anteile haben.

Am anderen Ende der Skala bleibt schließlich das ‹armselige Häufchen› derer übrig, die nur sehr geringe oder gar keine Neigung zum anderen Geschlecht verspüren.

Aus der gleichmäßigen, natürlichen Verteilung ist somit eine Teilung in zwei Gruppen geworden, die Heterosexuellen und die Homosexuellen. Insofern ist es eigentlich falsch, daß eine besondere Kategorie ‹Homosexueller› erfunden wurde. Es gibt keine ‹Homosexuellen›, es gibt lediglich Menschen, die sich mehr oder weniger homosexuell verhalten. Homo- und Heterosexualität schließen sich nicht gegenseitig aus, sondern sind Teile eines variantenreichen Beziehungsverhaltens bei Mensch und Tier.

Wenn ich in diesem Buch das Wort ‹Homosexuelle› dennoch benutze, dann einfach deshalb, weil es kürzer ist als ‹Männer und Frauen›, die sich teilweise, vorwiegend oder ausschließlich ‹homosexuell verhalten›.

Ein zweiter Grund ist, daß die Menschen, welche ihre gleichgeschlechtlichen Bedürfnisse zu leben versuchen, in unserer Gesellschaft ein ähnliches Schicksal verbindet, eine Diskriminierung, die alle über einen Kamm schert – mögen sie in anderer Hinsicht auch noch so verschieden sein. Und verschieden sind sie, sehr verschieden sogar.

Manchmal werden wir auch die Begriffe ‹schwul› und ‹lesbisch› benutzen. Sie bedeuten dasselbe wie ‹homosexuell›, wobei ‹schwul› für Männer und ‹lesbisch› für Frauen als Bezeichnung benutzt wird.

‹Schwuler› war ein Schimpfwort – in den Augen mancher Menschen ist es das wohl auch heute noch. Als Homosexuelle vor einigen Jahren anfingen, sich gegen Benachteiligung zu wehren, übernahmen sie das Schimpfwort für sich selbst und drehten es trotzig um: Ja, wir sind schwul!

‹Lesbisch› leitet sich ab von «Lesbos». Das ist eine griechische Insel, auf der die homosexuelle Dichterin Sappho lebte. Inzwischen verwenden viele Menschen diese Wörter an Stelle des medizinisch klingenden Begriffes ‹Homosexueller›, das zudem die Sexualität betont und komplizierter auszusprechen ist.

Wie verbreitet ist Homosexualität?

Ich habe schon auf die weite Verbreitung gleichgeschlechtlicher Bedürfnisse, Sehnsüchte und Phantasien hingewiesen. Und ich habe betont, daß ein großer Teil von ihnen immer noch durch die soziale Diskriminierung und die dadurch hervorgerufenen Ängste im Unterbewußtsein festgehalten wird. Angesichts dieser Tatsachen ist die reale Verbreitung von nicht unterdrückten gleichgeschlechtlichen Verhaltensweisen von besonderer Bedeutung. Die Untersuchungen des Kinsey-Instituts erbrachten unter anderem folgende Ergebnisse bei den Männern:
- knapp 40 Prozent hatten mehrere homosexuelle Erlebnisse gehabt
- ca. 6 Prozent verhielten sich vorwiegend homosexuell
- weitere 4 Prozent hatten ausschließlich homosexuelle Erlebnisse (Kinsey, 1965, S. 600 f).

Betrachtet man einmal nur diejenigen vier Prozent, die auf der Kinsey-Skala in die Gruppe 6 fallen, so heißt das: auf der ganzen Welt leben zur Zeit etwa 160 Millionen Menschen, die ausnahmslos gleichgeschlechtliche Partner bzw. Partnerinnen bevorzugen. Und in der Bundesrepublik gibt es demnach zweieinhalb Millionen Homosexuelle – das sind mehr als die Einwohner von Hamburg und Frankfurt zusammengenommen.

Oder um es noch plastischer auszudrücken: in der Bundesrepublik gibt es drei Millionen Katzen. Überlegen Sie nun einmal, wie viele Familien mit Katzen Sie kennen. Gar nicht so wenig, oder? Ungefähr gleich viele Familien gibt es folglich, in denen der eine oder die andere homosexuell sind.

31

Würden all diese schwulen Männer und lesbischen Frauen in der Öffentlichkeit sichtbar werden, dann gäbe es bestimmt viele erstaunt aufgerissene Augen. Doch die Angst auf Grund jahrhundertealter Verachtung ist immer noch zu groß, und so kann die Mehrheit der Bevölkerung weiter glauben, es gäbe nur einige wenige Homosexuelle.

Wäre uns bewußt, wer von unseren Nachbarn alles gleichgeschlechtlich lebt, käme wohl niemand auf die Idee, alle Homosexuellen seien gleich. Homosexuelle sind genauso verschieden wie alle anderen: höflich oder barsch, fleißig oder faul, schüchtern oder draufgängerisch, künstlerisch begabt oder völlig desinteressiert, Arbeiter oder Schauspieler, Krankenschwester oder kaufmännische Angestellte.

Wie entstehen sexuelle Vorlieben?

Vor einiger Zeit hätte die Überschrift zu diesem Abschnitt sicher anders gelautet, nämlich ‹Wie entsteht Homosexualität?› Inzwischen wissen wir es besser. Freud, der intelligente Vordenker auf dem Gebiet der Sexualität, betonte in der schon weiter vorn zitierten Schrift: «Im Sinne der Psychoanalyse ist also auch das ausschließliche sexuelle Interesse des Mannes für das Weib ein der Aufklärung bedürftiges Problem und keine Selbstverständlichkeit.» Folglich fragen wir heute viel grundsätzlicher: Wie kommt es, daß wir so unterschiedliche sexuelle Bedürfnisse haben?

Wie die Untersuchung von Kinsey und die Ergebnisse der Völkerkundler zeigen, wäre ein bisexuelles Verhalten normal und bräuchte nicht erklärt zu werden. Jegliche Einschränkung, also ausschließlich heterosexuelle oder homosexuelle Neigungen, wäre somit aufzuklären.

Im Mittelalter erklärte man jegliche Abweichung von der heterosexuellen Liebe zwischen Ehepaaren als Ketzerei, Besessenheit oder schlichtweg Sünde. Religiöse Erklärungsmodelle standen im Vordergrund, was mit der besonderen Macht der Kirche in jener Zeit zusammenhing. Auf ihre heutigen Argumente, die sich gegen

Ist die Vorliebe für das gleiche Geschlecht erlernt?

Viele Theoretiker gehen von der Annahme aus, der größte Teil des menschlichen Verhaltens sei erlernt. Wir kommen demnach als ‹unbeschriebenes Blatt› auf die Welt, und unsere Reaktions- und Verhaltensweisen, unsere Gefühle und Vorlieben, unsere Ängste und Motive entstehen durch komplexe Lernerfahrungen.

Jeder wird bestätigen, daß der Mensch viel von seinem Verhalten von anderen übernimmt. Sprechen wird gelernt, Autofahren muß man üben, laufen kann niemand ohne viele vergebliche Versuche, die erst nach und nach Erfolg zeigen. Wer nur friedlichen Umgang bei seinen Mitmenschen erlebt, wird selbst eher friedfertig sein.

Die letzten Jahre haben noch mehr Bestätigungen für die Lerntheorie gebracht. Man zog Affenkinder ohne Mütter auf, gab ihnen zwar Nahrung, aber keine Zärtlichkeit. Diese Affen waren später unfähig, sexuelle Kontakte aufzunehmen. Forscher schließen daraus, daß höherstehende Tiere und wir Menschen ebenfalls das sexuelle Verhalten lernen müssen.

Soweit scheint die Theorie zu stimmen. Kritisch wird es dann, wenn behauptet wird, *jedes* Verhalten sei erlernt. Sexuelles Verhalten ist erlernbar, also die grundlegende Fähigkeit, mit anderen Menschen gleich welchen Geschlechts sexuell in Kontakt zu treten. Ob aber die Vorlieben ebenfalls gelernt werden, darf bezweifelt werden. Falls überhaupt, müßte dieser Lernprozeß jedenfalls sehr früh stattfinden.

Denn die Studie des Kinsey-Instituts stellt fest, «daß die sexuelle Präferenz (= Vorliebe, Anm. Th. Grossmann) bereits früh im Leben ziemlich fest verankert ist und daß die Homosexualität eines Erwachsenen das letzte Stadium im Auftreten eines tief verwurzelten Musters homosexueller Reaktionsfähigkeit darstellt.»

‹Sehr früh› bedeutet für die Forscher das früheste Alter, an das man sich gerade noch erinnern kann, also etwa das 6. Lebensjahr. Bereits zu diesem Zeitpunkt fanden die Autoren nennenswerte Unterschiede zwischen Menschen, die sich später ausschließlich homosexuell verhielten, und solchen, deren hauptsächliche Bedürfnisse im heterosexuellen Bereich zu orten waren.

Ist gleichgeschlechtliche Vorliebe erblich bedingt?

Kallmann untersuchte 1952 vierzig eineiige Zwillinge und verglich sie mit zweieiigen Zwillingen. Eineiige haben dasselbe Erbgut, da sie sich aus einer Eizelle entwickeln, zweieiige haben unterschiedliches Erbgut, weil sie aus zwei verschiedenen Eizellen heranwachsen. Kallmann entdeckte, daß die eineiigen Zwillinge fast alle in ihren sexuellen Vorlieben übereinstimmten, während dies bei den zweieiigen nicht der Fall war. Ist Homosexualität also erblich?

Kallmann glaubte an die Erblichkeit homosexuellen und heterosexuellen Verhaltens. Bei der Heterosexualität könnte ein solcher Erklärungsversuch überzeugen, aber wieso haben dann Homosexuelle fast nur heterosexuelle Eltern und – falls sie welche bekommen – in der Regel ebensolche Kinder? Spätere Zwillingsforscher wie etwa Verschner fanden zudem keine Bestätigung der Ergebnisse von Kallmann.

Sind Hormonschwankungen die Ursache?

Der Ostberliner Professor Günther Dörner entdeckte den Einfluß bestimmter Hormone auf die sexuelle Entwicklung von ungeborenen Ratten. Schwangeren Ratten spritzte er Stoffe ein, die die Bildung des männlichen Sexualhormons Testosteron hemmen. Nach der Geburt benahmen sich die körperlich eindeutig männlichen Ratten sexuell eher weiblich. Dörner behauptet nun, auch beim Menschen würden vorgeburtliche Hormonschwankungen die sexuellen Verhaltensweisen beeinflussen.

Das paßt nicht zu den Untersuchungen von Kallmann. Entweder ist es eine Frage des Erbgutes,

dann dürften vorgeburtliche Hormonschwankungen keine Auswirkung zeigen. Oder es ist ein Hormonproblem, dann dürfte es jedoch keine Unterschiede zwischen eineiigen und zweieiigen Zwillingen geben. Beide Theorien werfen eher mehr Fragen auf, als sie beantworten.

Dörner behauptet, Hormone wären verantwortlich. Aber Anke A. Ehrhardt, eine der bekanntesten Hormonforscherinnen auf dem Gebiet der sexuellen Entwicklung, bestreitet das: «... Hormone scheinen die sexuelle Orientierung eines Menschen wenig zu beeinflussen» (A. A. Ehrhardt 1980, S. 119).

das Ausleben gleichgeschlechtlicher Bedürfnisse wenden, kommen wir in Kapitel 3 zurück.

Mit dem Beginn der Neuzeit verlor die Kirche allmählich ihren starken Einfluß. Jedes sexuelle Verhalten, welches nicht als normal angesehen wurde, wurde nun mit einer ‹verbrecherischen Seele› erklärt, die durch Strafe geläutert werden könnte.

So richtig interessant wird es für uns mit dem Aufkommen der modernen Wissenschaften. Die Mediziner lehnten es ab, jemanden als ‹Verbrecher› zu bezeichnen. Nach ihrer Ansicht waren Menschen, die vom normalen Verhalten abwichen, Kranke, die durch Behandlung geheilt werden könnten. Es wurde als großer Fortschritt für die Menschheit angesehen, daß nun Homosexuelle nicht mehr in Gefängnissen landeten, sondern in der ärztlichen Praxis oder in der Psychiatrie.

Wo eine Krankheit ist, muß es eine Ursache dafür geben, und so ging die große Suche los nach dem auslösenden Faktor der ‹Seuche› Homosexualität.

Erst in den letzten Jahrzehnten haben Wissenschaftler versucht, sich dem Thema Homosexualität vorurteilsloser zu nähern. So wie Sigmund Freud, von dem wir bereits berichteten, daß er von einer grundsätzlichen Bisexualität des Menschen ausging. Er hielt sowohl eine rein heterosexuelle Ausprägung des Beziehungsverhaltens wie auch die rein homosexuelle Variante für «nicht normal» und somit erklärungsbedürftig. Neuere psychoanalytische Überlegungen (s. Kasten, Seite 36) laufen auf die Annahme hinaus, daß die Entscheidung, ob einer homo- oder heterosexuell wird, schon im ersten Lebensjahr fällt. Andere Wissenschaftler behaupteten, Homosexualität sei angeboren (s. Kasten, Seite 34, oben), andere führen die gleichgeschlechtliche Vorliebe auf Hormonschwankungen während der Schwangerschaft zurück (s. Kasten, Seite 34, unten), und eine vierte Gruppe von Wissenschaftlern nimmt an, homosexuelles Verhalten sei erlernt (s. Kasten, Seite 33).

Wahrscheinlich schwirrt Ihnen, wenn Sie versucht haben, zu verstehen, was in den Kästen nachzulesen ist, längst der Kopf vor lauter Theorien und Behauptungen. Ich möchte deshalb die Betrachtungen zu diesem Thema hier abbrechen mit einer Feststellung aus dem ‹*Handbuch der christlichen Ethik*›: «Bis heute ist die Frage nach der Entstehung der Homosexualität noch nicht geklärt. Es gibt Dutzende von Theorien. Keine Theorie hat bisher

Hetero- und Homosexualität:
Pflaster für frühkindliche Wunden?

Der Erklärungsversuch, der auf der psychoanalytischen Forschung von Freud beruht und zuerst vom Schweizer Analytiker Morgenthaler formuliert wurde, nimmt an, frühkindliche Erfahrungen würden die spätere sexuelle Ausrichtung verursachen. Ausschließliche Hetero- oder Homosexualität sei eine Art Pflaster, um die Wunde zu verdecken, die entsteht, wenn das Kind sich als eigenständiges Wesen zu begreifen lernt.

Anfänglich sieht sich das Kind als Teil einer Einheit mit der Mutter (oder jeder anderen Person, die zu Beginn viel mit dem Baby zusammen ist). Irgendwann wird dem Kind klar, daß es diese Einheit in Wirklichkeit nicht gibt, Mutter und Kind sind zwei getrennte Lebewesen. Der Schmerz über diese – für ein so hilfloses Menschenkind äußerst bedrohliche – Tatsache wird übertüncht durch die Identifikation mit einem der beiden Elternteile. Das Kind möchte ganz so sein wie der Erwachsene, übernimmt die Ideale und Motive, so gut es geht. Wen sich das Kind als Vorbild nimmt, ob Vater oder Mutter, hängt von verschiedenen Faktoren ab: von der möglichen Anlage wie auch vom Verhältnis zu den beiden Elternteilen.

Eines jedoch ist damit überholt – die frühere Annahme psychoanalytischer Forscher, eine zu enge Mutterbindung würde homosexuell machen. Zu verschieden waren bei allen bisherigen Untersuchungen die familiären Verhältnisse. Strenge Mütter, liebevolle Mütter, abweisende Väter, warmherzige Väter, ‹schwache› Väter, all dies fand man bei Homosexuellen wie auch bei Heterosexuellen. So mancher Psychoanalytiker hat Patienten, die geradezu ‹klassische› Familienstrukturen für eine homosexuelle Entwicklung aufweisen und die trotzdem ausschließlich heterosexuell sind.

die Ätiologie (= Ursache, Anm. Th. Grossmann) der Homosexualität erhellt, sondern nur neue Verwirrung geschaffen. Wahrscheinlich ist die Fragestellung falsch. Wenn wir nach der Entstehung der Heterosexualität fragen, sind wir ebenso ratlos.»

Eigentlich wissen wir bisher nur eines sicher: Die sexuellen Vorlieben liegen frühzeitig fest. Alle späteren Erlebnisse und Erfahrungen sind als Auswirkung und Anzeichen dieser Vorliebe zu verstehen und nicht als Auslöser. Ein mehr homosexuell veranlagtes

Kind sucht folglich die gleichgeschlechtliche ‹Verführung›, wird aber nicht erst dadurch homosexuell. Es ist es bereits. Ich persönlich bedauere die darüber hinaus bestehende Wissenslücke wenig. Die Erkenntnis, daß der Mensch grundsätzlich heterosexuelle und homosexuelle Bedürfnisse entwickeln kann, erklärt für mich genug. Ob nun jemand mehr zur einen oder zur anderen Seite tendiert und warum er das tut, erscheint mir nebensächlich. Viel wichtiger ist, daß er oder sie das auch darf!

Ist Homosexualität heilbar?

Sollten Sie diesen Abschnitt wegen der Überschrift als erstes lesen, muß ich Sie mit einem klaren, harten ‹Nein!› konfrontieren. Um das zu verstehen, sollten Sie dieses Kapitel von Anfang an lesen. Dort finden Sie die Antwort, warum!

Für diejenigen, die den letzten Abschnitt bereits gelesen haben, muß die Frage merkwürdig klingen. Wenn Homosexualität eine allgemeine menschliche Anlage ist, wie kann sie dann ‹heilbar› sein? Ist die Fähigkeit zu sprechen heilbar? Ist sehen, fühlen, denken, atmen ‹heilbar›? Natürlich nicht, denn nur Krankes kann geheilt werden. Sprechen, Sehen, Atmen, Lieben – dies alles sind grundlegende Verhaltensweisen, die den Menschen als einmaliges Geschöpf ausmachen.

Das Problem ist, daß man Homosexualität bisher selten so betrachtet hat.

Wie die meisten Alltags- und auch viele wissenschaftliche Theorien zeigen, sah man homosexuelles Verhalten lange Zeit als krankhaft an – als Folge falschen Lernens, einer Hormonstörung, mangelhaften Erbguts oder seelischer Verkrüppelung. Man versuchte etliche Wege, um Homosexuelle zu Heterosexuellen zu machen. Vergeblich. Alle Versuche scheiterten. *In der gesamten seriösen wissenschaftlichen Literatur findet sich kein einziger Fall von umfassender Änderung der sexuellen Vorliebe.*

Man versuchte, die ‹gelernte› Homosexualität durch Umlernen abzubauen und heterosexuelle Bedürfnisse aufzubauen. Die armen Opfer aus den Elektroschock-Kammern der Verhaltensforscher waren am Ende sexuell vollkommen uninteressiert. Zwar hatte man ihnen die Lust an der Homosexualität ausgetrieben, aber mehr auch nicht. Das Interesse am anderen Geschlecht war nicht gewachsen.

Man analysierte Männer und Frauen in jahrelanger Therapie auf der Couch – es machte sie seelisch freier, aber nicht heterosexuell.

Man gab Homosexuellen Hormonspritzen oder Tabletten, stimulierte ihr Gehirn mit elektrischen Strömen oder brannte mit Sonden ihr angebliches ‹Sexualzentrum› im Hirn heraus. Doch die behaupteten Erfolge waren keine. Die meisten derart behandelten Menschen wurden zu Krüppeln, seelisch und sexuell.

Und alles nur, um sie auf den ‹rechten› Pfad zu führen!

Zum Glück wachen die Wissenschaftler in aller Welt allmählich auf. Während verschiedene Verhaltenstherapeuten noch vor wenigen Jahren versuchten, Homosexuelle zu ‹heilen›, wendet sich die Mehrheit jetzt gegen solche Versuche. Die ‹Deutsche Gesellschaft für Verhaltenstherapie› schreibt: «Homosexualität ist eine von vielen denkbaren und möglichen Formen zwischenmenschlichen und partnerschaftlichen Verhaltens ... Sie kann daher keine Krankheit nach dem klassischen Krankheitsverständnis selbst der Psychiatrie sein ... Die Deutsche Gesellschaft für Verhaltenstherapie lehnt die Zwangstherapie homosexueller Patienten ab.»

In den USA strich die Psychiatervereinigung Homosexualität von der Liste der Krankheiten und sprach sich in einer Erklärung gegen die Diskriminierung von Homosexuellen aus.

Die amerikanische Psychologen-Organisation APF unterstützte diese Erklärung und forderte die Psychologen auf, «mit allen Kräften dafür zu sorgen, Homosexualität vom Stigma der Geisteskrankheit zu befreien.»

Und in einer neueren Ausgabe des *Journal of Homosexuality* stellte Dr. Kurt Freund, einer der Urheber von ‹Umkehr›-Therapien für Homosexuelle, fest, daß solche Behandlungen sinnlos sind. Wer könnte das besser beurteilen als dieser vom Saulus zum Paulus bekehrte Arzt?

Die Wissenschaftler haben also in der Mehrzahl erkannt, wie fest die sexuelle Orientierung im Menschen verankert ist. Ob sich diese Ansicht auch in der Bevölkerung bald durchsetzen wird? Vorurteile und falsche Hoffnungen leben lang, wenn sie nicht aktiv angegangen werden.

Was man so sagt –
Vorurteile auf dem Prüfstand

Mit den Vorurteilen ist das so eine Sache. Sie sind uns gar nicht als solche bewußt. In der Regel halten wir das, was wir über andere Menschen oder unsere Umwelt denken, für objektiv richtig.

Im Fernsehen spielt Didi Hallervorden einen Schwulen, eideidei – den Mund süßlich zusammengezogen, schwächlich, lüstern. Der Zuschauer schüttelt sich direkt bei diesem ekelhaften Verhalten und denkt: «Na bitte, so sind die Schwulen!» Er fühlt sich in seinem Urteil über Homosexuelle bestätigt. Dabei ist Dieter Hallervorden natürlich überhaupt nicht schwul, sondern benutzt lediglich ein Klischee, um die Lacher auf seiner Seite zu haben.

Viele Vorurteile haben eine wahre Wurzel, im obigen Fall das ‹unmännliche› Verhalten mancher Homosexueller. Und deshalb ist es schwer, Realität und Voreingenommenheit zu unterscheiden.

Ich möchte Sie bitten, sich folgende Liste anzusehen. Sie enthält eine Anzahl Aussagen über männliche und weibliche Homosexuelle. Kommt Ihnen davon etwas bekannt vor?

Schwule
1. sind weibisch
2. ekeln sich vor Frauen
3. verführen Kinder
4. sind triebhaft
5. tragen gern Frauenkleider
6. sind labil
7. möchten ihr Geschlecht wechseln

Lesben
1. hassen Männer
2. tragen Hosen
3. sind gewalttätig
4. haben eine tiefe Stimme
5. möchten gern Männer sein
6. sind einsam
7. rauchen Zigarren

All dies sind weithin bekannte Vorurteile über Schwule und Lesben. Vielleicht hat sich manches aus dieser Liste auch in Ihrem Kopf festgefressen und fristet dort sein irritierendes Dasein.

Man bekommt die Vorurteile von allen Seiten eingebleut – wie soll man es da besser wissen? Sie sitzen tief, sehr tief in uns verankert, nicht bloß im Kopf, sondern auch in den Gefühlen. Deshalb ist es auch so schwer, Vorurteile zu überwinden. Man muß sich öffnen für neue Gedanken und Gefühle. Das aber kostet viel Kraft und Selbstbewußtsein.

Machen wir uns nichts vor: es kann überaus nützlich sein, Vorurteile zu haben. Es erspart eine Menge Denkarbeit, wenn man sich nicht zu jeder Sache eine eigene Meinung zu bilden braucht, sondern auf das zurückgreifen kann, «was man so sagt». Das stärkt zudem das Gefühl, kein Außenseiter zu sein. Man fühlt sich einig mit der Mehrheit – das gibt Sicherheit. Und Sicherheit ist das, was wir am meisten suchen.

Für Vorurteile ist die Welt furchtbar simpel: Studenten sind arbeitsscheu, Neger stinken und Homosexuelle verführen kleine Kinder. Begegnet man dann einem Gegenbeispiel, dann ist das halt eine ‹Ausnahme›.

Aber auch bei einem möglichen ‹wahren Kern› zerstören solche Vorurteile ein menschenwürdiges Miteinander. Sie behindern ein gegenseitiges Verständnis und fördern Benachteiligungen.

Ich möchte deshalb auf den folgenden Seiten einige der gängigsten Vorurteile über Homosexuelle aufführen und kommentieren. Es wäre schön, wenn Sie sich die Zeit nehmen und in Ruhe darüber nachdenken würden. Dies wäre ein erster, wichtiger Schritt zum Verständnis von Homosexuellen.

1. Vorurteil: «Das ist ein Makel der Natur, das ist unnatürlich»

Begriffe wie ‹natürlich› und ‹unnatürlich› sind seit jeher beliebte Argumente. Sie helfen dabei, von Menschen gesetzte moralische Werte zu begründen. Die Natur als unparteiische Autorität bestimmt über Gut und Böse – so wie es ehedem Gott aus dem Mund der Priester tat.

Angeblich ist nur jene Sexualität ‹natürlich›, die der Fortpflanzung dient. Alles andere ist ‹unnatürlich›. Das bedeutet: jedes Ehepaar hat hauptsächlich ‹unnatürlichen› Verkehr, denn zur Fortpflanzung genügt es, einmal pro Jahr miteinander zu schlafen.

Wollen wir wirklich eine Antwort auf die Frage haben, welche Sexualität ‹natürlich› ist, dann müssen wir auf eine Entwicklungsstufe des Menschen zurückgehen, in der sein Verhalten noch nicht so stark von kulturellen Normen bestimmt war. Und was finden wir dort? Alles mögliche, bloß nicht die Einzelehe zwischen einer Frau und einem Mann, die jährlich nur einmal miteinander schlafen. Viel eher finden wir einen recht lockeren Umgang mit Sexualität jeglicher Art, es gab Homosexualität und vieles andere.

All dies schuf die Natur – und deshalb ist es ‹natürlich›. Die Natur ist wertfrei, die Wertung macht immer erst der Mensch. Er sollte auch dazu stehen, anstatt die Natur zum Vorwand seiner Moral zu machen.

2. Vorurteil: «Homosexuelle – das sind Tunten, die so durch die Gegend tänzeln»

Ein Teil der homosexuellen Männer verhält sich auffällig feminin und bekommt dafür von seinen Mitmenschen das verächtliche Etikett ‹Tunte›. Ein weitaus größerer Teil jedoch erweckt äußerlich nicht im mindesten einen weiblichen Eindruck. Von denen heißt es: «Dem sieht man es gar nicht an!» Eigentlich merkwürdig, daß man ‹es› den meisten nicht ansieht. Offenbar ist ‹es› und das, was man sich darunter vorstellt, nicht dasselbe.

Dieses Vorurteil hat trotzdem einen wahren Kern. Außerordentlich häufig berichten homosexuelle Männer davon, daß sie als Kinder wenig Gefallen an typischen Jungenspielen hatten. Prügeleien gingen sie aus dem Weg. Sie verstanden nicht, wieso sie anderen weh tun oder sie körperlich bezwingen sollten. So werden sie zur ‹Memme› gestempelt. Gleichwohl haben die meisten von ihnen später eine unverkennbar männliche Identität – allerdings nicht im Sinne eines Westernhelden. Frauen mögen das, und nicht selten ist dies der Grund, warum Frauen die Gegenwart von Homosexuellen als angenehm empfinden.

Manche homosexuellen Männer und manche homosexuellen Frauen bewahren sich allerdings die ausgeprägte Abweichung vom typischen Mann/Frau-Verhalten. Sie können und wollen nicht anders. Dafür ernten sie den geballten Haß ihrer Umwelt. Sich als Mann wie eine Frau zu verhalten, gilt als entwürdigend. Wie kann man sich so gehenlassen! Daß aus dieser Haltung eine unzweideutige Minderbewertung der Frauen spricht, vergißt manche Frau, die mitlacht ...

Die Tunten, und mit ihnen alle heterosexuellen Männer, die auch nicht ‹männlich› genug sind, bekommen die Wut zu spüren, die eigentlich für alle Homosexuellen gedacht ist. Dabei sollten wir ihnen dankbar sein. Sie erinnern uns daran, wie künstlich und einengend unsere Normen für Männer und Frauen sind. Sie karikieren unsere Forderung nach Männlichkeit – und das ist bitter nötig!

3. Vorurteil: «Schwule ekeln sich vor Frauen, Lesben hassen Männer»

Ja, es gibt homosexuelle Männer, die Abscheu vor sexuellem Kontakt mit Frauen empfinden. Der übergroße Rest hat indes keine derartigen Gefühle. Für diese Männer sind Frauen einfach sexuell nicht anziehend – das ist alles. Ich kenne etliche Schwule, die es fürwahr genießen, mit einer Frau zärtlich zu sein, und ich kenne kaum welche, die nicht gern mit Frauen zusammen sind.

Es sind in der Regel die Heterosexuellen, die einen körperlich-sexuellen Kontakt mit dem eigenen Geschlecht verabscheuen. Der Ekel entspringt dabei der inneren Ablehnung von Homosexualität. Für Homosexuelle existiert diese Ablehnung allerdings nicht – warum also sollten sie sich ekeln? Homosexualität ist die Zuneigung zum eigenen Geschlecht, nicht der Widerwille gegenüber dem anderen.

Verständlich erscheint es mir, wenn einige Lesben wütend auf Männer sind. Als Frau ohne männliche Begleitung sind sie vielfach Annäherungsversuchen oder groben Belästigungen von Männern auf der Straße oder in Kneipen ausgesetzt. Jede Frau kennt das und wird den Ärger verstehen. Und noch etwas läßt viele Lesben den Kontakt mit (heterosexuellen) Männern meiden: weil sie Frauen sind, wird immer und ewig erwartet, daß sie die Frauenrolle spielen. Brav die Hausarbeit machen oder Kaffee kochen. Sie sind es leid, ständig gegen diese Erwartungen anzukämpfen, und wollen deshalb mit Männern nichts mehr zu tun haben. Trotzdem, die meisten Lesben empfinden keinen Haß gegenüber Männern.

4. Vorurteil: «Die verführen kleine Kinder»

Eine große Angst, das eigene kleine Kind könnte durch hinterhältige ‹Onkels› sexuell mißbraucht werden, bildet die Grundlage für dieses Vorurteil.

Demgegenüber muß eindeutig festgestellt werden: homosexuelle Männer interessieren sich nicht für Kinder, ihre Zuneigung gilt den geschlechtsreifen Jugendlichen oder Männern. Das ist vollkommen dasselbe wie bei heterosexuellen Männern. In beiden Bereichen, also bei Hetero- wie bei Homosexuellen, gibt es allerdings auch Personen, die sexuelle Kontakte mit Kindern suchen. Sie werden als Pädophile bezeichnet (von griechisch pais = das Kind und philein = lieben).

Untersuchungen zeigen, daß sexuelle Beziehungen zwischen Männern und Mädchen neunmal häufiger vorkommen als solche zwischen Männern und Jungen. Angesichts der größeren Verbreitung heterosexueller Bedürfnisse finde ich das durchaus erklärlich.

Das Vorurteil von der angeblichen Verführung kleiner Jungs durch Homosexuelle entpuppt sich bei näherem Hinsehen als ein Zweck-Argument. Man braucht handfeste Gründe, um Homosexuelle schlechtmachen zu können, und erfindet welche. Nicht anders war es, als in früheren Zeiten Homosexuelle für alles mögliche verantwortlich gemacht wurden: für die Pest, für Hungersnöte und Umweltkatastrophen. Als Beispiel, da Sie mir sonst bestimmt nicht glauben, daß es so was gegeben hat, möchte ich den römischen Kaiser Justitian (527–565 n. Chr.) anführen. Er behauptete, Erdbeben und Seuchen wären die unabwendbaren Folgen, falls sich Homosexualität ausbreite. (Ausführlich nachzulesen bei: Bleibtreu-Ehrenberg 1981.)

Die Homosexuellen waren willkommene Sündenböcke, denen man alles Schlechte in die Schuhe schieben konnte. Der Volkszorn wendete sich gegen sie, anstatt den Kaiser davonzujagen, der bei seiner Aufgabe gescheitert war, den Betroffenen in ihrer Not Hilfe zu leisten.

5. Vorurteil: «Mein Junge ist in der homosexuellen Phase»

Die Forschungen des Kinsey-Instituts haben ein für allemal mit der irrigen Meinung aufgeräumt, es gäbe bei Jugendlichen eine solche «Phase», die jeder durchmache.

Da die sexuelle Orientierung längst vor der Pubertät feststeht, unterscheidet sich diese Zeit bei späteren homosexuellen und späteren heterosexuellen Jugendlichen deutlich. Bei Heterosexuellen beschränken sich die pubertären homosexuellen Erlebnisse auf sexuelle Spiele, meist verbunden mit dem sehnlichen Wunsch, dasselbe mal mit einem andersgeschlechtlichen Partner machen zu können. Bei Homosexuellen fielen den Forschern in erster Linie die gleichgeschlechtlichen Gefühle auf, die manchmal mit sexuellen Beziehungen verknüpft waren, aber nicht sein mußten. Die Experten schreiben: «Homosexualität in Kindheit und Adoleszenz (= Jugend, Th. Grossmann), besonders homosexuelle Gefühle lassen sich nicht einfach als vorübergehende Laune betrachten, die alle Kinder früher oder später einmal durchmachen» (Bell u. a. 1981, S. 208).

Die sogenannte ‹homosexuelle Phase› ist der Rettungsanker, an den sich Eltern und Ärzte klammern, die die Homosexualität bei einem Jugendlichen nicht verwinden können und hoffen, daß sie vorübergeht. Augen zu und durch. Aber spätestens in dem Moment, in dem sich Jugendliche selbst darüber im klaren sind, daß sie homosexuell sind, wird die Hoffnung auf eine ‹Phase›, die endet, zum brüchigen Strohhalm.

6. Vorurteil: «Früher gab es nicht so viele»

Dies ist ein Trugschluß. Zu Zeiten extremer Unterdrückung lag es für alle Homosexuellen auf der Hand, wie riskant ein offenes Auftreten wäre. Man tarnte sich, heiratete vielleicht und wagte nur unter größter Geheimhaltung einen gleichgeschlechtlichen Seitensprung.

In liberaleren Ländern schon damals und bei uns eben erst heute ist diese Tarnung nicht mehr so unbedingt nötig. Das Volk kriegt's mit und glaubt an wundersame Vermehrung. So entsteht ein Vorurteil.

7. Vorurteil: «Homosexuelle sind labil und depressiv»

Ein berühmter Psychiater sagte einmal: «Alle meine homosexuellen Patienten sind seelisch gestört!» Sein Kollege antwortete darauf: «Alle meine heterosexuellen Patienten auch.»

Viele Jahre basierten alle Untersuchungen über Homosexuelle auf Patienten von Psychiatern. Folglich fand man starke Depressionen, Selbstmordgedanken und den Wunsch, heterosexuell zu werden. Was würde wohl herauskommen, wenn Forschungen über Heterosexuelle nur mit Insassen psychiatrischer Anstalten gemacht würden? Und wie würden Sie über eine solche Wissenschaft urteilen?

Psychiater und Psychologen wissen heute, daß es bei Homosexuellen keine stärkere Neigung zu Labilität oder Depressionen als bei Heterosexuellen gibt. Ablehnung durch die Umwelt, Selbstzweifel und permanente Angst können gewiß zu solchen Erscheinungen führen – das hat dann aber nichts mit dem Homosexuell-Sein zu tun, sondern einzig mit der Verfolgung.

8. Vorurteil: «Die Gewalttätigkeit ist in diesem Milieu größer»

«Lesbischem Pärchen war der Gatte im Wege: MORD». Solche oder ähnlich lautende Überschriften bleiben im Gedächtnis haften, eingebrannt wie mit dem Lötkolben: Homosexualität und Ge-

walt gehören zusammen! Die regelmäßige Nahrung für dieses Gerücht wird auf den Seiten der Boulevard-Zeitungen serviert.

Kein Redakteur würde auf die Idee verfallen, bei einem Bank-
räuber dessen Vorliebe für Frauen besonders zu betonen. Ist er
aber schwul, dann geistert er wochenlang als ‹der Homo-Bankräu-
ber› durch die Presse.

Mir ist in meiner gesamten Beratungstätigkeit noch kein einziger Fall von Gewalttätigkeit zwischen Homosexuellen begegnet. Wenn es Schlägereien gab, waren sie die Opfer, nicht die Täter, jugendliche Heterosexuelle wollten ihr Mütchen kühlen beim ‹Schwule ticken›. Daher kommt manchmal die Gewalt ins Milieu, nicht von den Homosexuellen selbst!

9. Vorurteil: «Homosexuelle tragen am liebsten Kleider»

Warum sollten sie? Homosexuelle Männer sehen sich selbst als Männer, homosexuelle Frauen sind gern Frauen. Unter Heterosexuellen wie auch unter Homosexuellen gibt es allerdings einige, die gern zeitweise oder ständig Kleidung des anderen Geschlechts tragen. Männer schlüpfen in Frauengewänder, Frauen ziehen Anzug, Schlips und Kragen an. Wissenschaftler nennen diese Menschen ‹Transvestiten› (von lateinisch trans = hinüber und vestis = Kleidung).

In Ansätzen ist diese Neigung bei allen Menschen vorhanden. Fasching und Kostümbälle bringen es an den Tag. Unter Homosexuellen ist – das muß man zugeben – diese Art der Verkleidung bei den sogenannten Tuntenbällen besonders beliebt. Man nimmt sich selbst und die Rollenklischees auf die Schippe – eine äußerst gesunde Sache!

Noch etwas anders sind Menschen, die ihr Geschlecht vollkommen wechseln wollen. Auch dies hat nichts mit Homosexualität zu tun, sondern wird ‹Transsexualität› genannt. Sie kommen als männliches Wesen auf die Welt, möchten aber gern weiblich sein. Dasselbe kommt umgekehrt vor. Transsexuelle verstehen sich meist nicht als homosexuell und sind es nach einer operativen Geschlechtsumwandlung auch objektiv nicht, denn als Frau begehren sie einen Mann beziehungsweise als Mann eine Frau.

Kehren wir nun zu der Geschichte aus dem 1. Kapitel zurück. Sie erinnern sich daran, wie Frau Fischer von der Homosexualität ihres Sohnes Clemens erfuhr. In Kapitel 4 will ich berichten, wie andere Eltern diese Situation erlebten, welche Gedanken sie sich daraufhin machten und was in einer Gruppe von Eltern homosexueller Kinder dazu gesagt wurde, doch zuvor die Foto-Geschichte eines lesbischen Paares.

Kapitel 3

Karin und Milka

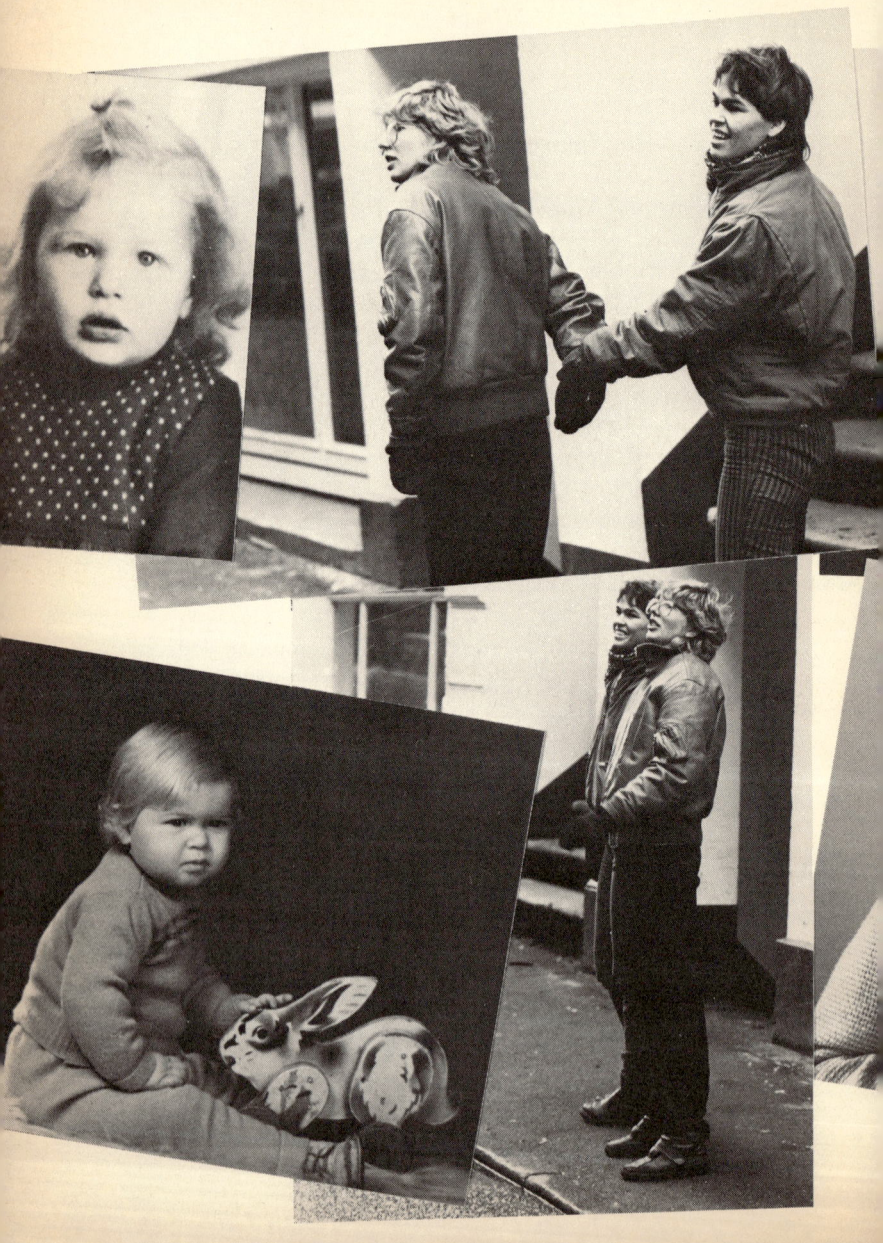

Karin, 28, Studentin «1974 kam ich nach Hamburg, seit 3½ Jahren lebe ich in lesbischen Beziehungen. Seither ist mir klar, daß mein Lesbisch-Sein zu mir gehört und daß ich es offen leben will. Einige Zeit war ich in der Frauenbewegung tätig, im Moment ar-

beite ich aber nicht politisch, sondern beschäftige mich intensiv mit meinen Bildern und überhaupt mit dem Thema Kunst. Ich möchte gern Kunst studieren. Nebenbei jobbe ich in einem Squash-Zentrum.»

Milka, 29, Studentin «Die ersten 25 Jahre meines Lebens habe ich in Prag, Tschechoslowakei, verbracht. Nachdem ich mein Jurastudium abgeschlossen hatte, fing ich bei einer Tageszeitung als Journalistin an zu arbeiten. Inzwischen lebe ich

mit Karin zusammen in Hamburg und studiere wieder: Slawistik, Germanistik und Literaturwissenschaften. Ich lese gern, mag Gitarrespielen und bin seit Januar 1983 in einer Hamburger Homosexuellengruppe engagiert.»

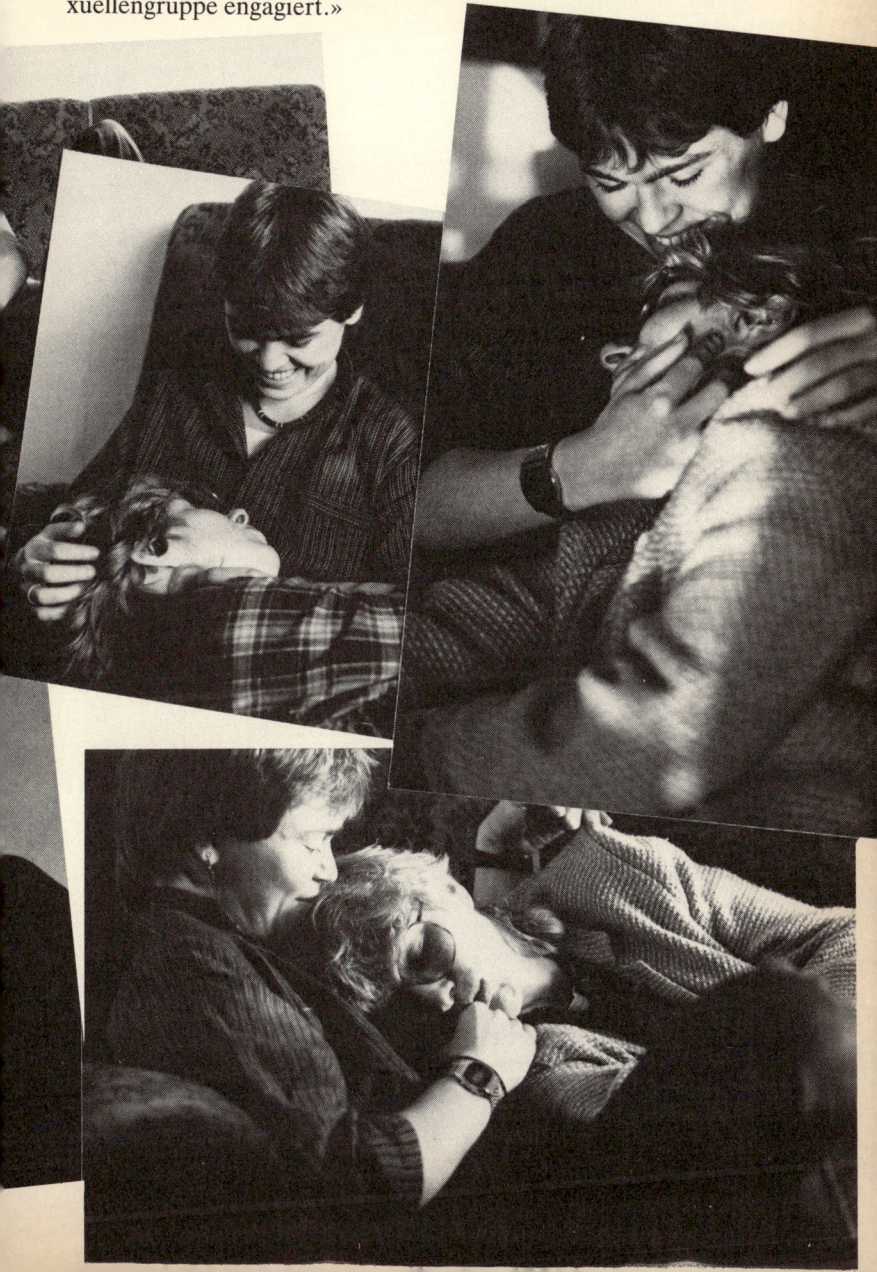

Kapitel 4

«Für mich brach eine Welt zusammen»

«Nein, niemals! Das ist doch unmöglich!» Wer hat sie nicht, diese Gedanken, wenn er mit einer Nachricht konfrontiert wird, die ihm unfaßbar erscheint?

«Nein!» Man möchte es nicht glauben. Es soll nicht wahr sein, und es kann nicht wahr sein!

«Niemals!» Alles sträubt sich in einem, die Nachricht zu hören und sie für bare Münze zu nehmen.

Für die meisten Eltern ist die Nachricht, ihr Kind sei homosexuell, so eine Botschaft, die sie mit all ihren Gefühlen umwirft.

Plötzlich ist alles anders.

Angst, Sorgen, Abwehr, Schuldgefühle überfluten einen – manchmal so stark, daß man denkt: «Das ist zuviel. Das überlebe ich nicht.»

Noch ist die Zahl der Menschen gering, für die Homosexualität etwas Vertrautes ist, für die es keinen Schock bedeutet, einen homosexuellen Sohn oder eine homosexuelle Tochter zu haben.

Aber es gibt solche Menschen.

Herr Siegmund ist einer von ihnen.

Langjährige Jugendarbeit und positive Erfahrungen mit Homosexuellen in seiner Firma haben ihm eine Schutzimpfung gegen die entsprechenden Vorurteile gegeben. Er sagt:

«Ich kenne mehrere Homosexuelle und habe zu denen einen sehr guten menschlichen Kontakt. Darum ist dieses Problem für mich nicht neu. Mich interessiert nicht, was ein Mensch hat, sondern was er aus seinem Leben macht. Wenn also einer diese Veranlagung hat, dann akzeptiere ich das.»

Von *solch* aufgeschlossener Haltung konnte der Sohn profitieren. Wahrscheinlich hatte bereits das Elternhaus die Einstellung von Herrn Siegmund geprägt: «Wir waren ein sehr offenes Haus.

Bei uns wurde viel gelacht und erzählt. Auch in sexuellen Dingen waren wir nicht verkrampft.»

Frau Herder, Mutter eines zwanzigjährigen Mädchens, nahm es ebenfalls recht gefaßt auf, als ihre Tochter sie aufklärte: «Ich war froh, als es endlich raus war, denn gedacht hatte ich es mir schon längst. Es war schön, daß sie mir vertraute und darüber mit mir sprach.»

Welches Glück haben Eltern und Kinder, wenn es so leicht geht!

Aber wie oft kommt das schon vor? Nach dem, was ich in meiner Beratungspraxis erfahre, und nach dem, was ich höre und lese, dürfte es nur ein Bruchteil der Fälle sein, in denen Kinder und Eltern die Entdeckung des Schwul- oder Lesbischseins als eine eigentlich ganz normale Geschichte ansehen.

Öfter erleben Homosexuelle bei ihren Eltern eine Reaktion, wie Herr Fischer sie an den Tag legte: totale Abwehr.

«Red keinen Unsinn! – Mein Sohn ist nicht schwul!»

Nicht das schockierte «Nein, *ich will nicht*, daß es wahr ist» kommt hier zum Vorschein, sondern ein entschiedenes «Nein, *es ist nicht* wahr!»

Wut bricht aus – «Sie will uns bloß ärgern» –, die nicht selten zu einem Bruch zwischen Eltern und Kindern führt.

Glücklicherweise sind auch diese Reaktionen nicht allzu häufig oder werden doch zumindest recht bald von einem anderen Verhalten abgelöst.

Die häufigste Reaktion ist hingegen die, welche wir von Frau Fischer im ersten Kapitel erfahren haben. Man ist wie vor den Kopf geschlagen, mag es nicht glauben, möchte die Uhr zurückdrehen und alles wie vorher haben. Schuldgefühle und Zukunftsängste plagen einen. Man fühlt sich mit all dem allein gelassen und ist ratlos.

Die vier Phasen

Wer wie ich eine große Anzahl elterlicher Berichte zu hören bekam, der stellt folgendes fest: Man kann gewisse Phasen unterscheiden, die dem ersten Gespräch folgen. Diese Phasen mögen bei verschiedenen Menschen unterschiedlich lang sein, aber sie sind doch fast immer festzustellen.

Zuerst kommt eine Zeit der Betäubung und der gefühlsmäßigen Abwehr. Danach, wenn die Botschaft langsam ins Bewußtsein dringt, folgt ein Abschnitt der Sehnsucht nach dem alten Zustand, begleitet von Trauer, Weinen, Schlaflosigkeit. Vielleicht wird man wütend auf Leute, denen man die Schuld zuschieben kann, oder man bekommt selbst Schuldgefühle.

Die nächste Phase ist gekennzeichnet durch ein Abnehmen der Trauer. Man gibt die Hoffnung endgültig auf, alles würde wieder wie früher. Es ist halt so, man kann nichts dran ändern. Über die Zukunft mag man nicht nachdenken. Sie erscheint in einem düsteren Licht.

Nach etlicher Zeit folgt die Phase des Neubeginns. Man gewöhnt sich an den Zustand, erlebt, wie viele Befürchtungen nicht eintreffen, lernt den Umgang mit der neuen Situation und kann wieder etwas zuversichtlicher in die Zukunft schauen.

Diese vier Phasen folgen nicht nur auf die Situation, von der in diesem Buch die Rede ist. Sie wurden von dem englischen Psychologen John Bowlby entdeckt, als er untersuchte, wie Kleinkinder auf den Verlust der Mutter reagieren (Bowlby 1961). Bei seinen weiteren Forschungen fand er später die gleichen Verhaltensweisen bei Menschen, die ihren Ehepartner verloren haben.

Offenbar reagieren wir Menschen immer in ganz ähnlicher Weise auf Situationen, die mit Trauer und Abschied verbunden sind, ganz gleich wie verschieden diese auch sein mögen.

Für die meisten Eltern ist die Nachricht von der Homosexualität ihres Kindes zunächst ein enormer Schock, ein Abschied von alten Hoffnungen und Erwartungen und somit ein Anlaß zur Trauer.

Was ich beruhigend finde, ist, daß die mit einem solchen Verlust verbundenen Gefühle und Verhaltensweisen für die meisten Menschen nicht neu sind. Gewiß: die Nachricht, daß ihr Kind homosexuell ist – die ist für die meisten Menschen in der Tat einmalig. Aber die gefühlsmäßige Reaktion ist es nicht! Was da an Emotionen hochkommt, das kennen viele aus anderen Umständen: von einem geliebten Menschen verlassen zu werden, löst ähnlichen Schmerz aus, schwerwiegende unerwartete Veränderungen – z. B. im Beruf – können die gleichen Ängste hervorrufen.

Wer hat nicht schon mal eine Trennung erlebt – und überlebt? Wer kennt nicht die Trauer ohne jede Hoffnung – und sie ging irgendwie dann doch vorbei!

Mag der Schock am Anfang noch so groß sein, mögen die Zukunftsaussichten noch so trübe erscheinen – jeder erreicht früher oder später die letzte, die vierte Phase, den Neubeginn.

Wie es bei Frau Fischer war

«Ich verschloß mich total, wollte nichts mehr hören. Wie durch einen Nebelschleier sah ich uns im Wohnzimmer sitzen, so, als ob ich nicht dazugehörte.»

Wie in Trance reagiert sie auf die Nachricht von Clemens' Schwulsein. Sie war sehr prüde erzogen. Sie hat prinzipiell ihre Schwierigkeiten damit, über Sexualität zu sprechen. Und erst über Homosexualität! Das ist etwas ganz Schlimmes. Homosexuelle, so denkt sie, sind «kranke Menschen, die sich weibisch verhalten und hinter Jungs her sind.»

Der Schock geht tief. Sie möchte die Ohren verschließen vor dem, was sie da gehört hat. Es scheint ihr unmöglich, die Wahrheit zu akzeptieren. Fast mechanisch macht sie sich an die Hausarbeit. Angst, Wut auf Clemens, daß er es überhaupt erzählt hat, Ekel – die Gefühle sind diffus und wechselnd.

Bereits in der Nacht läßt die Betäubung nach, der Übergang zur zweiten Phase beginnt.

Die erste Phase kann sehr kurz sein, manchmal ist sie nur ein paar Stunden lang oder sogar nur wenige Minuten. Womöglich fehlt sie auch ganz, besonders bei jenen, die bereits mit so etwas gerechnet haben.

Im anderen Extrem hält der Schock lange an, wie etwa bei dieser Mutter: «Nachdem Lisa uns gestanden hatte, daß sie lesbisch ist, war ich tagelang wie unter Narkose. Am vierten oder fünften Tag begann ich, wie eine Wilde das Haus zu putzen. Ich schrubbte die Böden, klopfte alle Teppiche, wusch die Gardinen, putzte die Fenster, alles. Nachdem mein Mann das zwei Tage mit angesehen hatte, kam er hinter mir her und schrie, ich sollte damit endlich aufhören.

Da erst merkte ich, wie kaputt ich war, und fing furchtbar an zu weinen. Endlich kam alles aus mir heraus.»

Eine andere Mutter beschreibt das Gefühl so:

«Ich saß meiner Tochter gegenüber und konnte ihr nicht in die Augen blicken. Ich konnte sie nicht berühren oder in den Arm nehmen. Ich war unfähig, überhaupt etwas zu tun.»

Auch dies ist eine Schockreaktion. Es ist, als ob sich ein Abgrund aufgetan hat, der einen von seinem Kind trennt. Meist wird das Gespräch an dieser Stelle abgebrochen.

Sobald die anfängliche übergroße Benommenheit nachläßt und man wieder klarer denken kann, beginnt der Abschnitt, den wir noch am ehesten als Trauer bezeichnen würden. Schmerz, Angst, ein Gefühl der Leere und des Verlustes, Weinen, Schlaflosigkeit und Grübeln sind typische Kennzeichen dieser zweiten Phase. Man wünscht sich nichts sehnlicher, als daß der Sohn oder die Tochter ‹normal› sein möge.

«Wahrscheinlich müßte er nur mal ein nettes Mädchen kennenlernen, das ihm zeigt, wie schön es mit Frauen ist», hofft Frau Fischer.

«Ich bin kein besonders gläubiger Mensch, aber an dem Morgen habe ich zu Gott gebetet, daß alles nicht wahr sein möge.»

Man möchte den alten Zustand wiederherstellen. Manche Eltern zwingen in dieser Phase ihr Kind, sich in therapeutische Behandlung zu begeben.

Häufig kommen auch Gedanken auf, derer man sich später schämt, obwohl sie nichts Ungewöhnliches sind: «... damals wünschte ich mir direkt, Clemens wäre tot ... ich könnte ihn in guter Erinnerung behalten.»

Der eine oder andere denkt gar an Selbstmord, weil er den Schmerz und die Scham nicht ertragen kann.

Und man sucht die Schuldigen, die für alles verantwortlich gemacht werden können: «Irgendwelche älteren Homosexuellen könnten seine Unkenntnis ausgenutzt haben», glaubt Frau Fischer.

Es gibt viele «Gründe», die man in diesem Moment findet. Das Internat, in dem die Tochter nur mit Mädchen zusammen war, Fernsehen und Kino, die zu offen über alles berichten und Kinder anstacheln, Neues zu probieren. Oder der Junge von nebenan mit den verwahrlosten Eltern, dem man alles zutraut usw. usf.

Die meisten suchen allerdings die Schuld bei sich selbst.

«Warum bloß habe ich es hingenommen, daß sich Clemens immer mehr zurückzog?»

«Ständig stand mir dieser eine Satz vor Augen: Du hast als Mutter versagt!»

Ob für lange Zeit oder nur kurz, ich kenne keine Eltern, die nicht von Schuldgefühlen geplagt werden. Der Grund dafür ist einfach: niemand ist perfekt. Auch Eltern nicht. Und so werden sie immer etwas finden, wieso «alles ihre Schuld ist».

Mit in diese, meist sehr lange Phase, gehören die Bilder aus glücklicheren Tagen, wie sie auch Frau Fischer ins Gedächtnis kommen: «Was für ein lieber Junge er damals war!» Sie steigern die Sehnsucht nach dem alten Zustand und lösen aufs neue die Tränen. «Ich glaube, ich habe noch nie in meinem Leben so viel geweint.»

Wochen, vielleicht auch Monate kann das so weitergehen. Je mehr man sich damit auseinandersetzt und es nicht verdrängt, desto eher erreicht man die dritte Phase, die dadurch geprägt ist, daß man die Hoffnung auf eine Änderung aufgibt. Die Trauer nimmt zwar ab, man schickt sich in das Unausweichliche, «... du mußt damit leben», wie es Frau Fischer ausdrückt. Aber wohl ist einem dabei bestimmt nicht. Gleichzeitig wird das Problem, wen man einweihen soll, akuter. Das Kind wird älter, die Nachbarn fragen nach Freund bzw. Freundin. Was soll man sagen?

Sorgen um die Zukunft kommen dazu. Frau Fischer: «Was sollte er werden? Seinen Wunsch, Lehrer zu werden, konnte er sich wohl abschminken.»

Probleme im Beruf, Alleinsein im Alter, Benachteiligung – das ist nicht gerade das, was man seinem Kind wünscht.

Die vierte Phase, die des Neubeginns, konnten wir im ersten Kapitel noch nicht mitbekommen. Der Bericht von Frau Fischer bricht vorher ab. Aber, um Sie zu beruhigen: es geht ihr längst besser. Ein wenig mehr darüber erfahren Sie im letzten Kapitel.

Gewiß haben diese kurzen Erinnerungen an die Geschichte von Frau Fischer Ihnen deutlich gemacht, wie gut das Phasen-Modell von Bowlby auch auf ihre Situation paßt.

Wenn Sie bedenken, daß so ein Modell immer nur eine Annäherung an die Wirklichkeit sein kann, hilft es Ihnen vielleicht, Ihr eigenes Verhalten besser zu verstehen und einzuordnen. Und vor allem die Hoffnung nicht zu verlieren!

Mit einigen der aufgetauchten Fragen und Probleme wollen wir uns nun eingehender befassen. Zu einem Gespräch darüber habe ich verschiedene Eltern eingeladen, damit die unterschiedlichen Erfahrungen und Standpunkte zur Geltung kommen können.

Die Elternrunde

Wir sitzen um einen großen Tisch versammelt, drei Ehepaare, zwei alleinstehende Mütter sowie drei Frauen, deren Männer nicht mitgekommen sind.

Eine von ihnen, Frau Jung, erklärt, warum ihr Mann nicht dabei ist:« Er weiß noch nichts davon. Ich bringe es nicht übers Herz, ihm zu sagen, was mit unserer Tochter los ist. Ich glaube, das würde ihn umbringen.»

Frau Siegmund schmunzelt unwillkürlich. «Mein Sohn hat auch geglaubt, er könne es mir nicht sagen. Er wußte, wie mich das trifft.» Sie stockt einen Moment. «Aber jetzt bin ich froh, daß ich es weiß. Er hat es zu lange mit sich herumgeschleppt und ganz schwere Depressionen gehabt. Ich als Mutter habe das ja Tag für Tag mitbekommen. Ewig hat er in seinem Zimmer am Fenster gestanden und rausgeguckt. Er hat keine Musik mehr gehört, konnte nicht zur Uni gehen, gar nichts. Wer weiß, wo das noch geendet hätte, hätte er es nicht endlich doch gesagt.»

«Das finde ich auch», meldet sich Frau Schmidt zu Wort. «Ich bin heilfroh, daß Uwe mit uns darüber gesprochen hat. Wir hatten uns ständig in der Wolle. Kaum war er zu Hause, ging schon der Streit los. Er war unausgeglichen, und ich hatte das Gefühl, er will nichts mit uns zu tun haben. Wir haben jetzt wieder ein viel innigeres Verhältnis, weil wir offen darüber sprechen können.»

Aber längst nicht alle Eltern finden zu einer solchen Einstellung wie Frau Siegmund und Frau Schmidt, viele fragen sich, warum ihr Kind überhaupt mit ihnen darüber spricht. «Soll er es doch für sich behalten!»

Da es ihnen so schwer fällt, damit fertig zu werden, wünschen sie sich, ihr Kind hätte es ihnen erspart: «Wie kann er uns das nur antun!»

Ein Vater meinte einmal ziemlich drastisch: «Ich will es gar nicht wissen. Unsere anderen Kinder erzählen uns ja auch nichts über ihr Sexualleben.»

In diesem Satz steckt ein grobes Mißverständnis. Denn wenn junge Menschen ihren Eltern offenbaren, daß sie schwul oder lesbisch sind, erzählen sie in Wirklichkeit nichts über ihr Sexualleben, sie sprechen über ihre innersten Gefühle. Wen sie lieben, wer ihnen wichtig ist, weswegen sie traurig sind. Genauso machen es ja auch die Kinder, welche sich zu gegengeschlechtlichen Partnern hingezogen fühlen. All dies muß ein Geheimnis bleiben, solange zwischen Eltern und Kindern über dieses Thema Schweigen herrscht.

Das Schweigen ist wie eine Mauer. Das Zusammensein wird unerquicklich, zwanglose Unterhaltungen werden unmöglich. Über Freunde wird nur wenig gesprochen – bloß kein falsches Wort! Wohin Sohn oder Tochter gehen, muß unklar bleiben. Das Vertrauen stirbt, Vorsicht, Lügen und Angst beherrschen das Klima. Frau Schmidt hat dies eindringlich genug geschildert.

Wenn ein Junge oder ein Mädchen beschließen, ihren Eltern von ihrer Homosexualität zu erzählen, ist dies ein großer Vertrauensbeweis. Sie wollen nicht länger lügen, und sie brauchen Unterstützung.

Es hat sich immer wieder gezeigt, wie sehr ein offenes Klima die Probleme vermindert. Homosexuelle, deren Eltern hinter ihnen stehen, haben es sehr viel leichter als andere.

Solange Angst die Aussprache blockiert, leiden beide Teil stumm und quälen sich. Für die Eltern kommt oft hinzu, daß sie gar nicht begreifen können, was eigentlich los ist. So wie das z. B. bei Frau Lenz war: «Jahrelang hat mein Sohn das mit sich allein abgemacht. Hat sich rumgequält und kam nicht raus mit dem, was ihn bedrückte. Er weinte, und ich hatte nie herausbekommen, was da gewesen ist. Das hat mich furchtbar getroffen. Ich wußte ja nicht, wie ich ihm helfen sollte!»

«Aber das meine ich doch nicht», widerspricht Frau Jung. «Ich will meiner Tochter ja gern helfen. Aber ich möchte meinem Mann den Kummer ersparen!»

Fast alle in der Runde blicken ein wenig hilflos. Sie scheinen den Wunsch von Frau Jung zu verstehen, und doch ist ihnen mulmig dabei.

Schließlich beginnt Herr Siegmund zu sprechen: «Das finde ich falsch. Ich als Vater möchte Bescheid wissen, was mit meinem Sohn ist. Immerhin ist es das Kind von uns beiden. Für mich ist das kein Schutz, auch wenn Sie vielleicht der Meinung sind. Ich war auch dafür, daß meine Frau es erfährt, obwohl ich wußte, es trifft sie. Aber es ist besser, die Wahrheit zu wissen und dann gemeinsam zu versuchen, damit fertig zu werden.»

Es ist ein weitverbreiteter Glaube, daß man dem anderen einen Gefallen damit tut, wenn man die «schreckliche» Realität von ihm fernhält. So gehen viele z. B. mit Sterbenskranken um – besonders häufig ist das, wenn es sich um Krebs handelt –, denen sie verschweigen, wie nahe der Tod ist. So wird dem sterbenden Menschen die Chance genommen, selbst zu entscheiden, wie er damit umgehen will, er wird entmündigt.

Nach der Rede von Herrn Siegmund ist eine längere Pause entstanden, in der sich offenbar alle ihre eigenen Gedanken machen. Jetzt ergreift Herr Siegmund noch einmal das Wort und blickt Frau Jung an: «Ich glaube, Sie möchten vor allem sich selbst etwas ersparen, indem Sie Ihrem Mann nichts sagen. Offenbar halten Sie Homosexualität für eine abscheuliche Sache, die nur charakterfeste Leute ertragen können. Unterschätzen Sie nicht Ihren Mann!»

Frau Jung laufen Tränen über die Wangen.

«Ich werde einfach noch nicht fertig damit.» Sie bemüht sich, Fassung zu bewahren, doch ihr Weinen wird stärker.

«Immer wieder habe ich gehofft, es würde sich noch ändern und man könnte sie irgendwie rumkriegen. Aber es ist sinnlos. Manchmal hat man das Gefühl, man hat es verkraftet, und manchmal ist es wieder so schlimm, daß ich den ganzen Tag weinen könnte und mich irgendwo verkriechen möchte. Ich habe mich so auf Enkelkinder gefreut!»

Frau Sandner drückt ihr ein Taschentuch in die Hand. «Sie glauben nicht, wie gut ich Sie verstehen kann! Ich weiß es jetzt ein halbes Jahr lang, aber manchmal kommt es wieder über mich, und ich werde furchtbar traurig. Ich weiß, daß es nicht zu ändern ist, und trotzdem ist es schwer. Es braucht Ihnen nicht peinlich zu sein, zu weinen.»

«Es ist ja nicht nur das.» Frau Jung blickt auf und lehnt sich mit einem Seufzer zurück. «Es ist einfach die Verwirrung, weil alles ganz anders kommt, als man es gewohnt ist. Für mich gehört eben eine Frau zum Mann.»

«Eine Frau gehört zum Mann»

Ich blicke mich um. Alle scheinen diese Vorstellung mehr oder weniger zu teilen. Einzig Frau Lenz schüttelt energisch den Kopf: «Ich lebe schon lange geschieden, und ich habe bei mir selbst sehr gegen solche Sprüche kämpfen müssen. Irgendwann habe ich es geschafft. Für mich gehört eine Frau nicht mehr unbedingt zum Mann. Aus dieser Regelmäßigkeit mit der Familie, daß sich das immer weiter fortsetzt, sind meine Kinder raus und ich – durch die Scheidung – auch.»

Frau und Mann – so sind wir es von klein auf gewohnt. Das ist derart selbstverständlich, daß es schwerfällt, umzudenken und sich auf andere Möglichkeiten einzustellen.

Herr Schmidt beschreibt seine Erfahrungen: «Als Uwe das erste Mal mit seinem Freund zu uns kam, mochte ich partout nicht dabeisein, wie sie sich anfaßten. Es war einfach ungewohnt, und deshalb war mir nicht wohl in meiner Haut. Heute ist es für mich ganz normal geworden.»

Beipflichtend nickt Frau Herder: «Es dauert halt einige Zeit. Diese alten Vorstellungen sind uns schließlich lange genug eingeimpft worden.»

Glücklicherweise ist der Mensch – wie man so sagt – «ein Gewohnheitstier», und wir alle haben schon in ganz anderen Situationen und bei ganz anderen Problemen lernen müssen, mit noch nie Dagewesenem umzugehen. Nach einigen Anfangsschwierigkeiten zeigt sich immer wieder: es geht!

Wer ist schuld?

Ein anderes Problem hingegen scheint sich für die meisten Eltern nicht durch «Gewöhnen» zu lösen, nämlich, daß sie nicht ‹schuld› an der Homosexualität ihres Kindes sind.

Frau Herder hatte sich ursprünglich einen Jungen gewünscht. «Von daher habe ich dauernd ein schlechtes Gewissen, weil ich meine, ich habe meiner Tochter das irgendwie mitgegeben.»

Auch Frau Schmidt sieht sich schuldig. «Damals wollte ich nicht, daß unser Sohn Fußball spielt. Ich hatte Angst, er verletzt sich. Aber heute mache ich mir Vorwürfe. Er hat eben nie gelernt, ein richtiger Mann zu sein, beim Fußball hätten ihm die anderen das schon beigebracht.»

Frau Lenz hat zwei homosexuelle Kinder, einen Jungen und ein Mädchen, die bei der Scheidung vier bzw. sieben Jahre alt waren. Sie sagt: «Ich habe mir gedacht, das kann gar nicht anders sein, als daß ich wesentlich schuld daran bin. Denn ich habe die meiste Zeit mit den Kindern allein gelebt.»

Aber gerade ihr Fall zeigt, daß das Schuldgefühl mit der Wirklichkeit nichts zu tun hat, und Frau Lenz ist mit der Zeit auch dahintergekommen. Das trug dann langsam zum Abbau der Schuldgefühle bei: «Was ich mir auch ausdachte – nichts konnte stimmen. Denn was für meinen schwulen Sohn paßte, das paßte nicht für meine lesbische Tochter und umgekehrt.»

Kinder großzuziehen ist eine der schwierigsten Aufgaben, die es gibt. Nirgendwo kann man es lernen, aber alle erwarten, daß man es richtig macht.

Was kann man nicht alles falsch machen!

Und an ‹guten Ratschlägen› fehlt es auch nicht. Die anderen wissen es immer besser. Psychologen, Lehrer, Nachbarn – sobald es hart auf hart kommt, stellen sie die Eltern an den Pranger.

Einmal sagen sie den Müttern, sie sollten sich nicht soviel in das Leben ihrer Sprößlinge einmischen, und bei anderer «passender» Gelegenheit werfen sie denselben Müttern vor, sie hätten die Zügel zu sehr schleifen lassen.

Nein, Eltern sind auch Menschen mit Fehlern und Schwächen, und sie sind nicht verantwortlich zu machen für alles und jedes. Erst recht nicht dafür, wen Sohn oder Tochter lieben! Wenn sie erreicht haben, daß ihre Kinder in unserer Welt voller Konkurrenz und Haß überhaupt einen Menschen liebgewinnen können, dann dürfen sie sich glücklich schätzen.

Fragen Sie also weniger nach Schuld in der Vergangenheit, sondern fragen Sie: «Was kann ich hier und heute tun, für mich und mein Kind, damit wir die Probleme meistern?»

Im letzten Kapitel werde ich dafür einige Vorschläge machen. Doch jetzt zurück in die Elternrunde, in der gerade Frau Fischer, deren Geschichte dieses Buch einleitete, über die schrecklichen Gedanken spricht, die sich bei ihr kurz nach dem Telefongespräch mit Clemens einstellten. Sie erinnern sich?

«Ich wünschte mir direkt, Clemens wäre tot»

«Mir ist es äußerst peinlich, diese Gedanken zuzugeben. So was darf man nicht mal denken!»

Ich will sie gerade beruhigen, da kommt mir Herr Siegmund zuvor: «Das ist doch Unsinn! Jeder denkt mal so etwas, wir sind doch keine Götter. Sie glauben gar nicht, wie oft ich schon meinem Sohn eine scheuern wollte oder wie oft ich ihn zum Teufel gewünscht habe, weil er irgendeinen Mist verzapft hat und ich sauer auf ihn war.»

Immer wird so getan, als ob es solche Wünsche bei ‹anständigen› Leuten nicht gäbe.

Aber unsere Gefühle gegenüber denen, die uns nahestehen, sind nie nur positiv. Wir lieben sie, und weil wir sie lieben, haben wir Erwartungen an sie, die sich nicht immer erfüllen können, so sind wir manchmal auch enttäuscht, ärgerlich, zornig oder wütend auf sie. Anstatt diese Gefühle herauszulassen, schlucken wir sie so oft herunter. Falsch! Denn damit sind sie keineswegs «gegessen». Entweder sie schlagen uns «auf den Magen», oder sie kommen bei der nächsten besten Gelegenheit wieder hoch. Wer kennt das nicht, daß bei aufgestautem oder eben zurückgehaltenem Ärger dann auf einmal ein ganz kleiner Anlaß genügt, um ein Gewitter hervorzurufen.

Denken ist nicht dasselbe wie handeln, und einem Menschen aus einer momentanen Enttäuschung heraus den Tod zu wünschen, bedeutet noch lange nicht, daß dieser Wunsch auch nach ein paar Tagen noch vorhanden ist – und erst recht nicht, daß aus diesem Wunsch eine Tat wird. Es handelt sich um eine Phantasie, die aus der Verzweiflung geboren ist. Gestehen wir es uns ein – und sie vergeht mit der Zeit.

Die meisten von uns sind anders erzogen. «So etwas darf man nicht einmal denken!» Gerade religiöse Menschen sind häufig von einer fast übermenschlichen Moral durchdrungen, deren Forderungen im alltäglichen Leben unerreichbar sind – wenigstens für Normalmenschen.

Kann ein Christ homosexuell sein?

Die Kirchen haben uns beigebracht: Homosexualität ist eine Sünde.

So sieht es auch Herr Hoffmann: «Wir sind eine sehr fromme Familie, genauso wie unsere Eltern. In diesem Sinne haben wir unsere Kinder großgezogen. Sexualität ist dem Menschen von Gott gegeben, um Kinder zu zeugen. ‹Gehet hin und mehret euch› heißt es in der Bibel. Alles andere ist Sünde, das kann man an mehreren Stellen in der Bibel nachlesen.»

Meine Erfahrungen in der Beratungspraxis zeigen: Für niemanden sind homosexuelle Gefühle so schwierig und lang anhaltend belastend wie für tiefreligiöse Jugendliche und – wenn sie sich dann offenbart haben – auch für ihre Eltern.

Bei den jungen Leuten begegne ich immer wieder starken Schuldgefühlen und der Vorstellung, in eine ausweglose Lage geraten zu sein. Die Aussage eines jungen Mannes mag für viele stehen: «Ich habe mich mit allen Kräften dagegen gewehrt, aber es gelang nicht. Irgendwann wurde ich wieder schwach. Hinterher machte ich mir schwere Selbstvorwürfe, wieder gesündigt zu haben. Wie hätte ich das beichten sollen? Homosexualität ist eine Todsünde, dafür gibt es keine Vergebung.»

Menschen, die nicht im «Schoß der Kirche» aufgewachsen sind, können sich das Ausmaß des Konflikts kaum vorstellen. Ausgerechnet der Glaube, der einem bisher Halt und Zuversicht gab, wird plötzlich zur unüberwindlichen Schranke.

Es ist, als müsse man sich entscheiden zwischen der Liebe zu Gott und einem Leben, das der eigenen Veranlagung entspricht.

Warum?

Seit Jahrhunderten predigen es die Geistlichen von der Kanzel, und sie bekräftigen es in der Seelsorge: nur die eheliche Sexualität zwischen Frau und Mann ist erlaubt. Alles andere ist Sünde. Papst Johannes Paul II. verbreitet die Botschaft persönlich auf dem gesamten Erdball: vorehelicher Geschlechtsverkehr, Masturbation und Homosexualität könnten in keiner Weise gutgeheißen werden.

Es wird auf Bibelstellen verwiesen, die solche Beurteilungen unterstützen sollen: 1. Buch Mose 19 (Sündenverderben in Sodom), 3. Buch Mose 18,22 (Verbot der Knabenliebe), 3. Buch Mose 20,13 (Todesstrafe für Knabenliebe), Römerbrief 1,24–27 (Homosexualität als Zeichen des Abfalls von Gott), 1. Korintherbrief 6,9 (Knabenschändern ist das Reich Gottes verwehrt) und 1. Brief an Timotheus 1,10 (Wider die Knabenschänder)! Die Bibel als Wort Gottes – welcher Gläubige wollte dem widersprechen?

Und doch gibt es gute Gründe, vorsichtig mit der Auslegung zu sein. Ich kann und will an dieser Stelle nicht bis ins einzelne auf all diese Bibelstellen eingehen, das haben Berufenere bereits hervorragend getan (z. B. Wiedemann 1981 und Kentler 1983). Ich kann hier nur ein paar Dinge anführen, die mich nachdenklich gemacht haben.

So antwortete zum Beispiel der Niederländische Rat der Kirchen auf die Frage «Was sagt die Bibel über homosexuelle Liebe?» mit einem schlichten «Nichts!».

Wieso?

Die genannten Stellen handeln nicht von tiefen personalen Beziehungen voll Liebe und Verantwortung, sondern von

– kultureller Tempelprostitution von Knaben (3. Mose 18,22; 3. Mose 20,13)
– homosexuellen Handlungen von Heterosexuellen (Römer 1,24–27; Kor. 6,9; Tim. 1,10)
– Verletzung des heiligen Gastrechts (1. Mose 19; vgl. Lukas 10,10–12)

Die Vorschriften im 3. Buch Mose dienen ebenso wie die Bemerkungen von Paulus gegenüber den Römern, den Korinthern und gegenüber Timotheus der Abgrenzung des christlichen Glaubens von der heidnischen Vielgötterei. Was den Heiden ‹rein› war, sollte für Christen ‹unrein› sein, was den Heiden heilig war, sollten Christen meiden. Von homosexuellen Liebesbeziehungen keine Rede!

Wo doch einmal homosexuelle Partnerschaften in der Bibel auftauchen, werden sie positiv dargestellt, wie etwa die Beziehung zwischen David und Jonathan (1. Samuel 20 und 2. Samuel 1,26).

Paulus ging davon aus, daß alle Menschen heterosexuell sind. Personen, die sich homosexuell betätigen, waren demnach Heterosexuelle, die von Lust getrieben zusätzliche Befriedigungsmöglichkeiten suchten. Nun lehnte Paulus aber sexuelle Lust prinzipiell ab und akzeptierte Sexualität nur als notwendiges Übel. «Es ist dem Menschen gut, daß er kein Weib berühre.» (1. Kor. 7,1)

Bitte lesen Sie diesen Satz noch einmal aufmerksam durch, und lassen Sie ihn auf Sie wirken. Teilen Sie diese Auffassung?

Eine andere Frage: Wenn Sie zu jenen religiös erzogenen und religiös lebenden Menschen zählen, denen Homosexualität Schwierigkeiten macht, nehmen Sie auch die anderen Bibelstellen genauso ernst wie diejenigen, die – ohne eigentlich darauf gemünzt zu sein – gegen Homosexualität ins Feld geführt werden?

Verzichten Sie beispielsweise auf das Verspeisen von Kaninchen-, Hasen- und Schweinefleisch (3. Mose 11,5–8)?

Verurteilen Sie das Kreuzen von verschiedenen Tierarten und die Aussaat unterschiedlicher Samen auf einem Feld (3. Mose 19,19)?

Lassen Sie sich einen Bart stehen (3. Mose 19,19) und verabscheuen Kleider aus Mischgewebe (3. Mose 19,19)?

Dies alles waren Gebote *für die Kinder Israels*, und so steht es in der Bibel.

Todesstrafe für Ehebrecher und Wahrsager – sollen Christen in unserer Zeit dies noch annehmen?

Ich meine, nein. Die Bibel ist kein Rezeptbuch mit allzeit gültigen Verhaltensmaßregeln für jede Lebenslage. Die Bibel bedarf der Auslegung und Überprüfung, was sie uns heute sagen will.

Wer allzu streng die Buchstaben der Heiligen Schrift ins Feld führt, sollte nicht vergessen, daß selbst Jesus zeit seines Lebens gegen Pharisäer und Schriftgelehrte kämpfte, die immer glaubten, es besser zu wissen. Als etwa seine Jünger am Sabbat Getreide ernteten und Jesus einen Verkrüppelten heilte, protestierten die Pharisäer. In der Schrift stünde, man dürfe am Sabbat nicht arbeiten (3. Mose 22,3). Jesus antwortete: «Der Sabbat ist um des Menschen willen gemacht, und nicht der Mensch um des Sabbats willen.» (Markus 2,27)

Jesus selbst hat nie ein Wort über Homosexualität verloren. Zumindest gibt es darüber keine Aufzeichnungen. Wer seine grundsätzliche Botschaft von der Menschenliebe verstanden hat, kann sich auch schwer vorstellen, daß Jesus die Liebe zwischen zwei Männern oder zwei Frauen verurteilt hätte.

Er sprach: «Denn also hat Gott die Welt geliebt, daß er seinen eingeborenen Sohn gab, auf daß alle, die an ihn glauben, nicht verloren werden, sondern das ewige Leben haben» (Joh. 3,16). Er schränkte das in keiner Weise ein, indem er etwa hinzufügte:«Mit Ausnahme der Homosexuellen»!

Nein, aus der Bibel läßt sich eine Verurteilung schwerlich belegen. Dies bekräftigt die Feststellung der Vereinigten Lutherischen Kirchen Deutschlands (VELKD): «Aussagen in der Bibel – zum Beispiel in Röm. 1,26–27 – beruhen nicht auf einer differenzierten Auseinandersetzung mit dem Phänomen der Homophilie.» Wenn wir trotzdem mit der Bibel in der Hand die Homosexuellen verurteilen, dann liegt die Vermutung nahe, wir würden die Bibelstellen nur vorschieben, um unsere Gefühle der Abneigung besser begründen zu können. Wir wenden uns in Wirklichkeit nicht gegen Homosexualität, weil die Bibel sie verurteilt, sondern weil *wir* sie verurteilen.

Prüfen wir uns genau. Ist es wirklich die Bibel, sind es wirklich die Worte des Priesters, die uns daran hindern, die Homosexualität eines Menschen zu akzeptieren? Was soll man dann von den vielen Aussagen kirchlicher Würdenträger und Gremien halten, die in den letzten Jahren an die Öffentlichkeit drangen?

Bereits eine von Papst Johannes XXIII. im Jahre 1964 eingesetzte Kommission betonte in ihrem Report, daß Sexualität zwischen festen Partnern gleich welchen Geschlechts moralisch wertvoll sei.

Die Rheinische Kirche veröffentlichte 1970 ein Papier, in dem es hieß: «Die Homosexualität wird erst zur Sünde, wenn sie nicht in sittlich verantwortlicher Weise praktiziert oder gemeistert wird. ... So wie der Mann in der Frau die ‹Gehilfin› für sein Leben erkennen darf und soll, so vermag der Homosexuelle dies in dem gleichgeschlechtlichen Partner zu erfahren ... Auch zwischen

70

Homosexuellen gibt es eine tiefe, Körper, Geist und Seele umfassende Liebe.»

Bischof Lohse, Ratsvorsitzender der Evangelischen Kirche (EKD), sagte: «Wir haben gelernt, daß wir Menschen wegen ihrer Homosexualität nicht diskriminieren dürfen. Sie müssen einen Platz in der Gesellschaft und in der Kirche haben.»

Leider sind dies bloß erste Anfänge, die jahrhundertealte Tradition hinter sich zu lassen.

Papst Paul VI. und Johannes Paul II. machten die positiven Schritte ihres Vorgängers nicht mit, und die evangelischen Kirchen bewegen sich gleichfalls nur langsam vom Fleck.

Viele homosexuelle Männer und Frauen haben daraus ihre Konsequenzen gezogen: Sie traten aus der Kirche aus, wandten sich entweder enttäuscht völlig vom Glauben ab oder suchten sich eine neue christliche Gemeinschaft, in der sie akzeptiert wurden.

In den USA gibt es bereits Kirchen, die von Homosexuellen gegründet wurden, und bei uns ist es in erster Linie die Gruppe ‹Homosexuelle und Kirche› (HUK), die gleichgeschlechtlichen Gläubigen ein Miteinander ermöglicht. Hier können Christen homosexuell sein.

Was sollten sie sonst auch tun? Sich enthalten? Dem normalen Sterblichen ist es nicht gegeben, ganz auf sexuelle Liebe zu verzichten. Das begreift sogar Paulus, wenn er an die Korinther schreibt: «Ich wollte wohl lieber, alle Menschen wären, wie ich bin (nämlich enthaltsam, Anm. d. Autors); doch ein jeglicher hat seine eigene Gabe von Gott, einer so, der andere so.» (1. Kor. 7,7)

Deshalb widerspreche ich auch entschieden Frau Hoffmann, als sie in unserer Gruppe verlangt: «Herrmann muß sich entscheiden. Gott gibt uns die Freiheit, unseren eigenen Weg zu wählen. Herrmann hat die Wahl, entweder er gibt seinem Trieb nach, oder er enthält sich. Ich hoffe, er wählt den zweiten Weg. Das ist eben eine Prüfung.»

Homosexuell-Sein ist keine Wahl! Männer und Frauen, die gleichgeschlechtlich veranlagt sind, haben nur eine Wahl: ob sie kurze sexuelle Abenteuer suchen oder ob sie langfristige Partnerschaften eingehen.

Der Zwang zur Enthaltsamkeit fördert gerade jene Art der Beziehung, gegen die sich die christliche Ethik am stärksten wehrt, den Eine-Nacht-Kontakt!

Herr und Frau Hoffmann leiden entsetzlich unter der Homosexualität ihres Sohnes. Der scheinbare Widerspruch zwischen ihrem Glauben und der Liebe zu ihrem Sohn ist kaum zu ertragen.

Fast eine Stunde haben wir darüber gesprochen.

Ob meine Informationen viel nützen werden? Ich bin skeptisch. Es werden noch viele Gespräche nötig sein, um ihre Bedenken zu zerstreuen, und ich hoffe, sie finden vernünftige Seelsorger, die – wie Jesus – die Sorge um den Menschen über alle Dogmen stellen.

«Wie soll er das alles bloß verkraften»

Religiöse Zweifel hat nur ein Teil der Eltern, Angst um die Zukunft ihrer Kinder haben alle.

Frau Siegmund macht ein besorgtes Gesicht, als sie ihre Zukunftsängste in der Gruppe anspricht: «Ich grübel immer und immer wieder, wie das weitergeht. Ich befürchte, daß Jens vereinsamt und das nicht verkraftet, weil er sehr sensibel ist. Menschen können ja so grausam sein. In der Schule haben auch zwei, drei negativ drauf reagiert. Ich mache mir so wahnsinnig viel Gedanken darüber.»

«Das ist es eben», Frau Herder nickt mit dem Kopf. «Für mich gibt es eigentlich nur ein Problem. Ob unsere Tochter im Berufsleben glücklich sein wird. Ob sie als homosexuelle Frau von den Arbeitskollegen anerkannt wird. Die meisten Menschen sind ja doch voller Vorurteile.»

Wird mein Kind je glücklich werden? Wird es seinen Beruf ausüben können? Wird es gehänselt und verspottet werden? Diese Fragen gehen allen durch den Kopf.

Herr Schmidt befürchtet: «Die werden es später, wenn sie ein bestimmtes Alter erreicht haben, sehr schwer haben. Die Erfahrungen habe ich bei anderen gemacht. Man sieht ja häufig diese abgetakelten Tunten durch die Gegend laufen. Da ist eben die Angst, was aus meinem Sohn wird, wenn ich mal nicht mehr auf der Welt bin. Wenn ich ihm nicht mehr helfen kann. Solange man jung ist, da ist die Welt ja . . .»

«Da ist das Leben sowieso viel unbeschwerter.» Frau Jung fällt ihm ins Wort. «Aber wissen Sie», erwidert Frau Lenz, «wenn unsere Kinder alt sind, dann sind ja andere Zeiten. Unsere Kinder sind ja auch anders jung, als wir es waren. Da ist doch ein Riesenunterschied. Und so, denk ich mir, wird auch ein Riesenunterschied zu der Zeit sein, wenn sie alt sind. Das muß ja nicht heißen, daß sie alle glücklich sind, aber sie werden bestimmt andere Bedingungen vorfinden als Homosexuelle, die heute alt sind. Davon bin ich fest überzeugt.»

Herr Siegmund unterstützt ihre Argumentation: «Die Eltern sollten nicht so auf die älteren Homosexuellen gucken und sagen, sieh mal, denen geht es so schlecht, so wird es mal unseren Kindern gehen. Das ist überhaupt nicht gesagt. Unsere Kinder sind die erste Generation, die ihre Sexualität leben kann und leben darf. Davon muß man ausgehen. Was sie draus machen und wie sie damit umgehen bis ins Alter hinein, das wissen wir heute alle nicht. Das kann positiv, das kann negativ sein.»

Frau Lenz nennt noch einen anderen Grund dafür, daß die jüngeren wohl kaum das Schicksal der älteren Homosexuellen erleben werden: «Durch die Gruppen haben die auch einen ganz anderen Halt. Und: Wir sprechen das Thema offen an, das gab es ja vor 30 Jahren auch nicht!»

Die Stimmung ist umgeschlagen.

Frau Sandner hat eben noch ganz bekümmert dreingeschaut. Offenbar ist sie durch das Gespräch darauf aufmerksam geworden, wie leicht man dahin gerät, pauschale Urteile zu fällen – und wie leicht einem solche pauschalen Urteile den Blick für die Wirklichkeit verstellen.

Was heißt hier Glück und Unglück? Sind nur ältere Homosexuelle schlecht dran?

«Wir können ja auch nicht davon ausgehen», formuliert Frau Sandner jetzt ihre Gedanken, «daß alle älteren heterosexuellen Menschen glücklich sind. Ich bin nicht homosexuell und bin jetzt trotzdem alleine seit unserer Scheidung.»

Werbung, Romane, Filme – sie alle vermitteln uns das Bild von einer heilen Welt der Geborgenheit in der Familie. Und dazu gehört als Gegenbild die Vorstellung vom getretenen, einsamen alten Homosexuellen.

Beide – die glückliche Familie und der unglückliche Homosexuelle – sind weitaus seltener, als wir glauben.

Wie viele Ehepaare leben nur noch nebeneinander her – zu zweit allein!

Wie viele ältere Menschen sind einsam, weil ihr Partner verstorben ist!

Wie viele Frauen und Männer sind nach einer Scheidung auf sich gestellt!

Viel mehr Homosexuelle, als wir allgemein annehmen, haben feste Freunde bzw. Freundinnen oder wenigstens einen Kreis von Menschen, denen sie sich zugehörig fühlen.

Sollte sich die Liberalisierung der letzten Jahre fortsetzen, dann ist allzu große Sorge um die Zukunft homosexueller Jugendlicher unbegründet. Garantiescheine für ein glückliches Leben gibt es ohnehin nicht!

Wie aber steht es mit der heutigen, ganz realen und nicht zu leugnenden Diskriminierung? Es gibt Schulen, an denen homosexuelle Lehrer Angriffe erdulden müssen. Vorurteilsbeladene Nachbarn oder aufgehetzte, unwissende Kinder können einem den Alltag auch ganz schön vermiesen. Gewiß gibt es immer noch da und dort Arbeitskollegen, die mit Homosexuellen nichts zu tun haben wollen.

Das ist die Wirklichkeit. Aber sind wir diesen Konflikten hilflos ausgeliefert?

Herr Siegmund meint, nicht: «Ich habe Kollegen, die homosexuell sind, und wenn man diese Leute diskriminiert hat, dann habe ich mich sehr entschieden für sie eingesetzt und habe die anderen zurückgepfiffen. In der Firma habe ich erwirkt, daß Anordnungen durchkamen, solche Diskriminierungen würden unbedingt geahndet.»

Nicht selten beruhen die Schmähungen, die Angriffe und das Lächerlichmachen auf völliger Unkenntnis dessen, wie Homosexuelle wirklich sind.

In den Niederlanden wurden kürzlich zwei Jugendliche, die Homosexuelle überfallen und verprügelt hatten, dazu verurteilt, einige Monate im Kommunikationszentrum der holländischen Homosexuellen-Organisation COC zu arbeiten. Ein glänzender Einfall, wie sich zeigte. Schon nach wenigen Tagen wurde den beiden klar, wie falsch ihr Bild von Schwulen und Lesben bisher war. Heute gehen sie gerne, und zwar freiwillig, wieder in das Homosexuellen-Zentrum.

Diskriminierungen nicht schweigend hinnehmen, sondern sich zur Wehr setzen – wer das schafft, hat schon viel gewonnen!

Herr Siegmund beantwortet die Frage nach der Zukunft meines Erachtens goldrichtig: «Nicht soviel grübeln, was später ist. Wir müssen unserem Jungen *jetzt* helfen und alles tun, was wir können!»

Schutz vor Diskriminierung gewährt natürlich auch Geheimhaltung. In größeren Städten kümmert sich kaum jemand um das Privatleben seiner Nachbarn. Großen Firmen ist es egal, was ihre Angestellten nach der Arbeit tun, solange sie zuverlässig am Arbeitsplatz sind. Und in kleinsten Orten kann das Vertuschen homosexueller Neigungen vor Ablehnung schützen.

Was werden die Nachbarn sagen?

Soll man nun oder soll man nicht? Ich meine: darüber sprechen mit Bekannten und Verwandten, Kollegen und Freunden.

Frau Herder hat ihre Schwierigkeiten damit; sie sagt: «Wenn an der Schule mal ein Lehrer ankommt und fragt, was macht denn ihre Tochter, dann wird es mir feucht am Rücken. Dann denke ich immer, wissen die das, oder wissen sie es nicht? Haben sie es von irgendwelchen Schülern gehört? Ich habe nicht den Mut, mit denen zu sprechen und zu sagen, meine Tochter ist lesbisch – das kann ich nicht.»

Nicht viel anders geht es Herrn Schmidt: «Ich lasse ihn sein Leben leben, aber er soll auch so tolerant sein und uns unser Leben führen lassen. Wir haben einen großen Bekanntenkreis, wo es noch nicht publik ist. Ich habe ihm gesagt: Bitte erzähle es nicht unseren Bekannten oder den Kindern unserer Bekannten. Das hat er bisher auch akzeptiert.»

Irgendwie ist da eine große Furcht davor, es anderen mitzuteilen. «Man ist feige», meint Frau Siegmund.

«Ob es feige ist, weiß ich nicht», entgegnet Frau Schmidt. «Vielleicht habe ich Angst vor der Reaktion dieser Leute, daß die mir dumm kommen. Die haben sich ja alle nicht damit befaßt, ob das jetzt Nachbarn sind oder Verwandte. Die werden sagen, wieso ist der so, was hat der für eine komische Erziehung genossen. Das ist ja wohl was Schmutziges, wieso kann in der Familie so was vorkommen?»

«Letztlich», fügt Frau Herder hinzu, «hat man doch Angst davor, daß sie alle mit Fingern auf einen zeigen. Ich habe am Anfang mal geträumt, wie eine riesige Menschenmenge meine Tochter durch die Straßen jagt und mit Steinen nach ihr schmeißt und sie beschimpft. Ich wachte klatschnaß geschwitzt auf und ging ins Bad. Nachdem ich ein neues Nachthemd angezogen hatte, legte ich mich wieder hin und versuchte, wieder einzuschlafen. Da habe ich den Traum noch mal gehabt, diesmal waren es aber unsere Verwandten, die Silvia aus dem Haus jagten. Dann passierte etwas ganz Merkwürdiges. Ich merkte plötzlich, daß ich es war, die da verfolgt wurde, nicht Silvia!»

Was sagen die Nachbarn und die Verwandten – ein Problem, welches nicht erst akut wird, wenn die Kinder homosexuell sind. «Bloß nicht zu laut streiten, die Nachbarn könnten uns hören!» «In diesem Aufzug gehe ich mit dir nicht aus dem Haus – was sollen denn die Nachbarn denken!»

Bloß nicht auffallen! Am allerwenigsten negativ!

Und dann das: der Sohn homosexuell oder die Tochter lesbisch!

«Ich werde selbst noch nicht fertig damit. Ich verdränge es immer. Ich habe es noch nicht verarbeitet, obwohl ich mich mit Literatur usw. befaßt habe. Da wäre es zu schwer, nun auch noch von Freunden oder Bekannten mit Vorwürfen konfrontiert zu werden, wo ich selbst noch nicht damit fertig bin.»

Es gibt gute Gründe dafür, den Mund zu halten. Man wird nicht noch mehr durch dumme Fragen verunsichert, sondern kann es erst einmal für sich in Ruhe verdauen. In einem kleinen Dorf, wo selbst uneheliche Schwangerschaften zum Ausstoß aus der Gemeinschaft führen, wäre es reiner Masochismus, alle einzuweihen. Also verstecken sich die meisten Homosexuellen vor der Öffentlichkeit und sogar vor der eigenen Familie – aus Angst vor der Reaktion.

«Aber was ist der Preis?» Herr Siegmund mag das nicht länger mit anhören und setzt mit einem hellen Klirren die Kaffeetasse ab.

«Die müssen ständig aufpassen, daß bloß keiner was davon erfährt. Diese Schauspielerei und dauernde ‹Hab acht›-Haltung finde ich schlimmer als manchmal einen Ärger. Das macht einen doch kaputt! Außerdem habe ich gar keine schlechten Erfahrungen damit gemacht, als es unsere Bekannten mitbekommen haben.»

«Ich schon», unterbricht ihn Frau Schmidt. «Wir haben es neulich mit unseren Bekannten mal geklärt. Die kommen einmal die Woche. Ständig fragten sie: ‹Hat Ihr Sohn denn eine Freundin?›

Ich sagte nein, und mein Mann sagte: ‹Damit wir das jetzt hier klarstellen, unser Sohn ist homosexuell, der wird keine Freundin haben.› Da war großes Schweigen, große Betroffenheit.

Die wußten überhaupt nichts damit anzufangen den Abend. Jetzt schweigt der Mann weiter, und die Frau fragt: ‹Wieso ist man das, liegt das an der Erziehung?› Ich hätte zum Arzt gehen müssen, ich hätte ihn operieren lassen müssen usw.

Solche Leute aufzuklären, kostet noch mehr Nerven, als selbst mit den eigenen Problemen fertig zu werden, weil die so doofe Fragen stellen. Sie befassen sich ja nicht damit. Anstatt daß sie sagen, hast du mal ein Buch, damit ich mich informieren kann, stellen sie eben solche Fragen. Denen ist das echt unheimlich, habe ich das Gefühl.»

Der Optimismus und die guten Erfahrungen, die Herr Siegmund zu bieten hat, lassen sich offenbar nicht so ohne weiteres verallgemeinern. Allerdings muß es auch nicht unbedingt so laufen, wie das soeben von Frau Schmidt berichtet wurde.

Frau Sandner zum Beispiel hat andere Erfahrungen gemacht.

«Wir sind mit unseren Nachbarn sehr gut befreundet, mit denen fahren wir auch in Urlaub. Am Tag, nachdem ich das erfahren habe, kam diese Nachbarin rüber und sagte: ‹Was hast du denn? ›Ach,› sagte ich, ‹damit muß ich fertig werden, das kommt alles noch ins reine.› Und dann meint sie: ‹Du brauchst mir gar nichts zu erzählen. Was mit Martina los ist, das haben wir doch schon lange gemerkt.› Da konnte ich mich bei ihr erst mal richtig ausweinen, das hat mir sehr geholfen.»

Die oft überraschende und deshalb doppelt gute Erfahrung, hilfreiche und verständnisvolle Menschen zu finden, machen eine Menge Eltern. Hat man erst für sich selbst den Schritt geschafft, die Homosexualität des Kindes einigermaßen zu akzeptieren, dann sind vor allem in städtischen Gebieten die Chancen groß, ohne Heimlichtuerei besser dazustehen.

Ich weiß, die Vorstellung, es zu veröffentlichen, macht Angst.

Man kann es so sich gar nicht vorstellen, wie die uralte Frau Lehmann von nebenan gut reagieren könnte oder warum Tante Paula plötzlich modernere Ansichten kriegen sollte. Überdies ist es einem peinlich, die ‹Schmach› zuzugeben und womöglich dem Spott des Pöbels ausgeliefert zu sein.

Aber jeder, Sie ganz persönlich wie alle anderen, muß sich selbst die Frage stellen: Bin ich bereit, alle negativen Folgen auf mich zu nehmen, die ein Verschweigen hat? Denken wir nur an die Zeit, in der man von der Homosexualität des Sohnes oder der Tochter erfährt. Wie gern möchte man mit anderen drüber reden können! Die Sorgen teilen oder Fragen stellen. Frau Jung hatte unerwartet in der Nachbarin einen Menschen gefunden, wie sie ihn sehnlichst gesucht hatte.

«Wenn unsere Nachbarin nicht gewesen wäre, würde ich mir heute noch Vorwürfe machen, daß ich schuld bin. Aber sie hat gesagt, das wäre Quatsch und ich hätte mir immer viel Mühe gegeben mit meiner Tochter und ich soll bloß aufhören mit den Selbstvorwürfen. Das hat mir wirklich gutgetan und hat mich beruhigt.»

Gerade erfahrenere Freunde oder Bekannte können eine große Hilfe sein, sofern man sie einweiht.

Das ist aber nicht das einzige, worauf man verzichten müßte, solange man über die Homosexualität des Kindes schweigt. Denn auch Ihr Kind wird dann auf manche Hilfestellung verzichten müssen – damit bloß nichts nach außen dringt!

Offene Unterstützung für Ihren Sohn oder Ihre Tochter ist ebenfalls unmöglich. Dabei brauchen jugendliche Homosexuelle gerade am Anfang die elterliche Hilfe besonders! Schweigen heißt gleichzeitig, Sohn oder Tochter allein im Regen stehen zu lassen, anstatt gemeinsam möglichen Angriffen zu trotzen.

Und zu guter Letzt: was wollen Sie denn auf die Dauer den Nachbarn sagen, warum Ihr Sohn noch keine Freundin hat oder weshalb Ihre Tochter noch nicht verheiratet ist? Wollen Sie pausenlos lügen, etwas vorschwindeln von ‹zuviel Arbeit› oder ‹Er fühlt sich noch nicht reif dafür›?

Die ständige Angst vor der Enthüllung wirkt gegenüber der weiteren Umwelt nicht anders, als wir es bereits im Fall von Frau Jung zu Beginn festgestellt haben: Kontakte brechen ab, zwanglose Unterhaltungen werden unmöglich, das Mißtrauen wächst. Herr Siegmund hat das deutlich genug auf den Punkt gebracht.

Offenheit und Vertrauen hingegen machen uns insgeheim stärker. Man fühlt sich am Ende viel leichter, wenn man sich nicht mehr zu verstecken braucht. Gleichzeitig hat unsere Offenheit einen wichtigen Effekt auf die Umwelt. Unsere Mitmenschen erleben dadurch Homosexuelle genauso, wie sie wirklich sind. Vorurteile können widerlegt werden – den Rest macht die Gewöhnung. Damit sorgen wir dafür, daß in Zukunft homosexuelle Frauen und Männer von der Gesellschaft akzeptiert werden.

Gleichzeitig machen wir mit diesem Beispiel den vielen versteckt lebenden Homosexuellen (vielleicht in Ihrer Nachbarschaft!) Mut: kommt raus, traut euch, ihr seht, eure Befürchtungen sind übertrieben! Kinder und Jugendliche können endlich Schwule und Lesben erleben, die in ihrem Alltag als ‹normale› Mitmenschen auftauchen – eine unschätzbare Hilfe, falls die Jugendlichen selbst homosexuell sein sollten.

Ich möchte gern ein Beispiel aus unserer Elternrunde ausführlich zitieren. Es ist nicht typisch – leider. Aber es zeigt kristallklar, was heutzutage schon möglich ist.

Herr Siegmund ist in einem Film über homosexuelle Jugendliche aufgetreten, der im Januar 1983 vom Fernsehen ausgestrahlt wurde. Über seine Erfahrungen erzählt er: «Ich bin nicht mit allzu vielen Hemmungen behaftet, sondern gewohnt, auf Dinge zuzugehen. Also hatte ich keine Angst davor, daß mich Leute auf meinen Sohn ansprechen. In diesem speziellen Fall des Films habe ich mir gesagt, jetzt werde *ich* die Umwelt herausfordern. Wir machen den Film und sagen der Umwelt: So, unser Sohn ist homosexuell, nun kommt zu uns, wenn ihr was wollt! Nun sagt ja oder nein zu uns – egal, wie es kommt!

Die Reaktionen war sehr unterschiedlich. In der Firma hat keiner was gesagt, bis auf die Homosexuellen, die mich natürlich gesehen hatten. Die kamen sofort zu mir und meinten: ‹Das finden wir prima, daß du das gemacht hast.›

Im Bürgerverein, in dem ich und meine Frau aktiv sind, hat man das Thema erst totgeschwiegen. Bis ich bei der Diskussion über öffentliche Gelder für ein Homosexuellen-Zentrum gesagt habe, daß ich selber davon betroffen wäre, weil unser Sohn homosexuell wäre. Da war natürlich erst mal ein betretenes Schweigen. Aber später haben uns viele aus dem Verein angesprochen und sehr, sehr positiv reagiert. Wir können uns heute auch in diesem Kreise über unsere Probleme, die wir mit Jens haben, unterhalten. Sie haben es, nachdem wir den Schritt nach vorn getan haben, positiv aufgenommen.

Vor einem hatte unser Sohn allerdings Angst, vor der Fußball-Liga. Jens hat als Sportreporter gearbeitet, und ich habe die Liga dreieinhalb Jahre gemanaged – die kannten uns also. Jens hatte Angst, wie die Liga reagieren wird. Ich sagte: «Das werden wir sehr schnell spüren.› Sie haben ihn alle nach wie vor freudig und nett begrüßt, obwohl es allgemein rum war, daß er homosexuell ist. Sie wußten vielleicht teilweise nicht, wie sie sich ihm gegenüber benehmen sollen, aber sie waren alle nett und freundlich, und einige sind ganz positiv auf ihn eingegangen. Wenn heute ein Ligaspieler nicht mitspielt, weil er verletzt ist, der sitzt dann immer mit Jens zusammen. In der Mannschaft selber spielt ein Homosexueller, und von einem zweiten vermuten wir das. Interessanterweise sind also allein von diesen fünfzehn Leuten ein oder zwei homosexuell!

Wir müssen feststellen, daß sich nicht ein einziger unserer Bekannten und Freunde zurückgezogen hat. Man glaubt immer, daß die Umwelt negativ reagiert. Man glaubt das aber nur, weil man keine Erfahrungswerte hat. Es ist richtig, daß früher die Homosexuellen enorm diskriminiert worden sind, aber ich glaube, daß wir heute weiter sind, daß die Gesellschaft den Homosexuellen offener gegenübersteht, weil sie informierter ist. Und wenn jemand nicht informiert ist, dann ist er aber bereit, sich informieren zu lassen. Und wenn man dann in der Lage ist, ein bißchen Hintergrund-Information zu geben, dann nehmen die meisten das recht positiv auf.»

Frau Siegmund hatte ursprünglich große Angst vor der Reaktion der Nachbarn.

Aber auch sie kann Erfreuliches berichten.

«Unter uns wohnt ein Ehepaar mit zwei Kindern, der eine Sohn ist achtzehn, der andere fünfzehn. Jens war da praktisch drittes Kind. Damals habe ich immer gedacht: Ich möchte so gerne mit Frau G. sprechen, aber wie reagiert sie darauf? Nachher sagt sie, Jens soll wegen ihrer beiden Jungen nicht mehr runterkommen. Aber die hat ganz toll reagiert. Sie sagte, dadurch wäre Jens doch kein anderer Mensch geworden. Das Gegenteil von meinem Befürchtungen ist eingetreten: die haben ihm geholfen, und die Söhne haben sich um Jens bemüht, ganz toll. Frau G. hat gesagt: Hätten Sie bloß mal früher was gesagt! Es hat mich wirklich beruhigt, daß die Leute so positiv reagiert haben.»

Soweit Herr und Frau Siegmund.

Ich will nicht verallgemeinern. Nicht viele haben den Mut und das Stehvermögen, welches Herr Siegmund an den Tag legt.

Aber dies eine scheint mir doch wichtig zu sein: Die Reaktion der Umwelt hängt offenbar ganz wesentlich davon ab, wie ich es selber finde, wie ich selber dazu stehe. Die lieben Mitmenschen reagieren sauer, wenn sie das Gefühl kriegen, daß man sie (nur) zur Beruhigung der eigenen schlechten Gefühle braucht ... Das Beispiel von Herrn Siegmund zeigt, wie Selbstbewußtsein und Solidarität mit dem Kind wirken. Offenbar weckt das bei der Umwelt Gedanken wie die folgenden: «Wenn der so hinter seinem Sohn steht, dann verdient das Respekt und Achtung. Kann sein, ich liege mit meinem bisherigen Urteil über Homosexuelle schief.»

Ähnliche Erfahrungen haben bisher schon viele Lesben und Schwule gemacht. «Wir stehen dazu, nun kommt, wenn ihr was wollt» – das ist die Haltung, die den anderen die Waffen aus den Händen schlägt.

Die meisten, selbst in unserer Runde, sind allerdings noch längst nicht an diesem Punkt angelangt. Sie brauchen viel Zeit und sollen sich die Zeit auch nehmen, bis sie sich stark genug fühlen.

Aber es ist auch gut, nicht allzu lange zu warten.

Es wird immer Mitmenschen geben, die es nicht verstehen, die sich zurückziehen und die Freundschaft einschlafen lassen.

Aber wer ist wichtiger – Ihr Kind oder die anderen?

Kapitel 5

Detlef und Lutz

Detlef, 23, Krankenpflegehelfer «Aufgewachsen bin ich in einem Dorf bei Hamburg. Jetzt lebe ich in der ‹Stadt›. Vor kurzem habe ich das Abitur gemacht (auf dem zweiten Bildungsweg) und will nun

Medizin studieren. Nebenbei lerne ich seit zwei Jahren Türkisch, denn in ein Krankenhaus kommen viele türkische Frauen und Männer. So kann ich mich mit ihnen besser verständigen.»

Lutz, 28, Lehrer «Ich bin in einer Westberliner Neubausiedlung groß geworden, mit achtzehn von zu Hause aufgebrochen und jetzt seit drei Jahren Klassenlehrer an einer

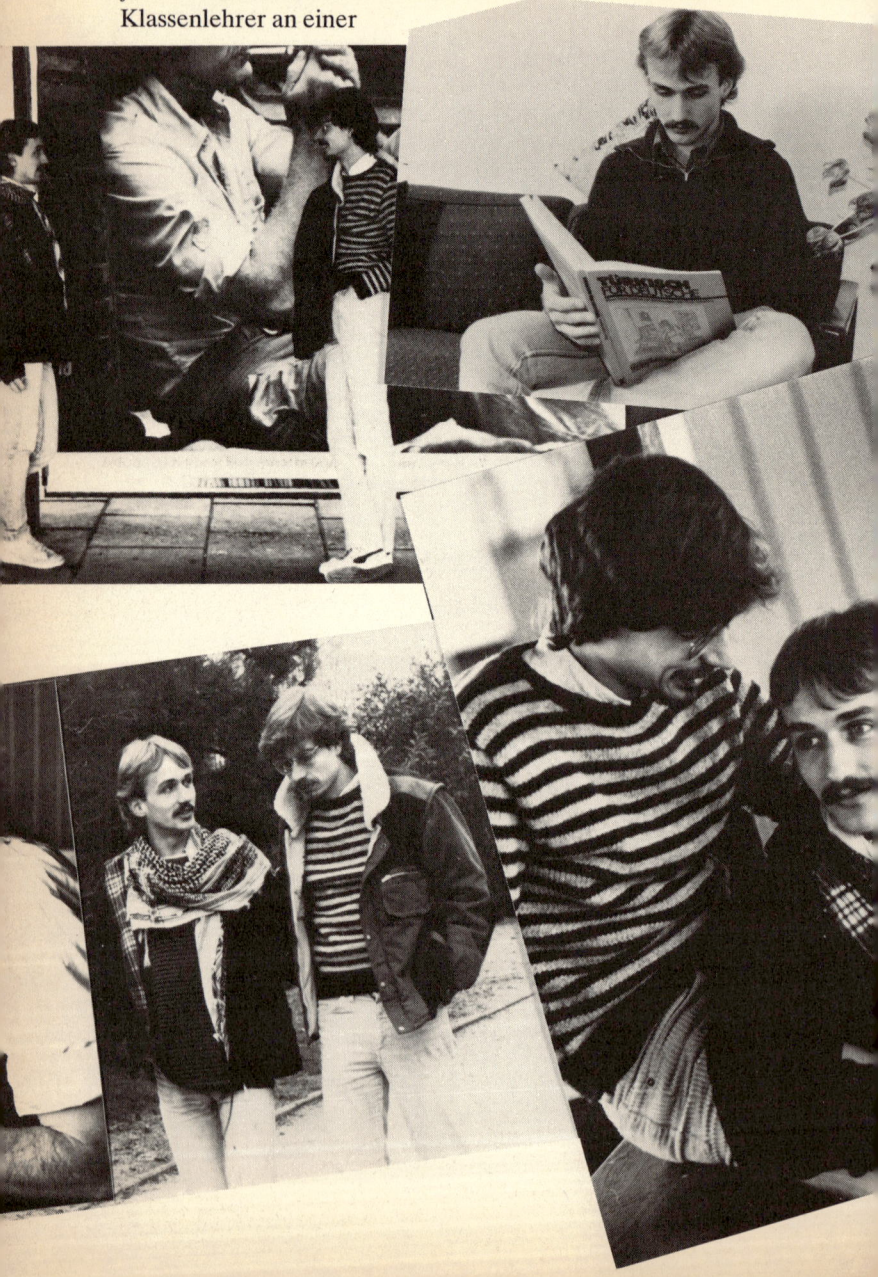

Hamburger Sonderschule. Ich mag Detlef gern anschauen. Er ist
so viel ruhiger als ich. Manchmal merke ich, daß es mir Freude
macht, ‹wir› zu sagen.»

Kein Berufsverbot
für Klaus Brinker

Recht auf Homosexualität
-auch in der Kirche

UHA

Für das Recht auf
HOMOSEXUALITÄT

Kapitel 6

‹Coming Out›, Freundschaften, Emanzipationsbewegung: Wie Homosexuelle leben

Wir haben in unserer kleinen Gruppe ausführlich über all das gesprochen, was die anwesenden Eltern belastet. Für einige ist es das erste Mal, daß sie anderen diese Sorgen anvertrauen können.

Dennoch beschleicht mich ein leichtes Unwohlsein. Manchmal erscheint es mir, als ob die Eltern vergessen, daß auch die Kinder Probleme mit ihrer Homosexualität haben.

Das ist verständlich, gewiß! Müssen sie sich doch mit so überwältigenden Ängsten und befürchteten zukünftigen Belastungen auseinandersetzen, daß diese zuerst alles andere überlagern.

Aber ich brauche mein Unbehagen gar nicht selbst anzumelden.

Frau Sandner spricht das Thema von sich aus an: «Kürzlich sprach ich mit einer Freundin meiner Tochter. Die hatte gerade großen Ärger mit ihren Eltern. Vater und Mutter machten ihr fortwährend Vorwürfe: ob sie denn überhaupt nicht an sie denken würde; daß sich die Eltern ihretwegen nicht mehr auf die Straße trauten; daß sie schuld an den Herzbeschwerden des Vaters wäre und so weiter.

Das Mädchen litt entsetzlich darunter und wollte am liebsten weglaufen.

An diesem Abend begriff ich, wie leicht wir dahin geraten, nur zu sehen, was es *für uns* bedeutet, ein homosexuelles Kind zu haben. Wir denken nicht an unsere Kinder, sondern nur an uns!

Ich hatte selbst genauso gehandelt. Immer sah ich nur meine Probleme, meine Angst, meine Zweifel!»

Hier schaltet sich Frau Schmidt ein. Sie sieht das anders. Als sie von ihrem Sohn eingeweiht wurde, hatte sie kaum darauf geachtet, was bei ihr selbst los war.

«Ich war so betroffen davon, wie er sich jahrelang abgequält hatte, daß mir nur dies eine immer wieder durch den Kopf ging.»

Beifälliges Nicken bei ein oder zwei Teilnehmern, worauf Frau Schmidt hinzufügt: «Ich habe mir mehr Sorgen um sein zukünftiges Leben gemacht als darum, was es für mich bedeutet.»

«Aber das ist doch nichts anderes», gibt Frau Sandner zurück. «Wir zerbrechen uns den Kopf über ihre Zukunft, dabei wissen wir fast nichts darüber, wie es wird. Wir stellen *unsere* Befürchtungen in den Vordergrund, statt zu schauen, wie unser Kind seine Zukunft sieht. Wir wissen ja oft noch nicht mal, wie es jetzt um das Kind wirklich bestellt ist! Machen wir uns doch nichts vor. Was weiß man denn normalerweise darüber, wie lesbische Frauen oder schwule Männer leben? Das meiste sind doch Vorurteile!»

Es zeigt sich, daß tatsächlich die Mehrzahl der Anwesenden nur wenig darüber weiß. Entweder reden die Kinder nicht offen darüber, oder die Eltern trauen sich nicht zu fragen.

Einige haben im Fernsehen den Film ‹Die Konsequenz› (der Film beschreibt die Freundschaft zwischen zwei Homosexuellen, die schließlich unter dem Druck der Umwelt zerbricht; am Ende begeht der Jüngere aus Verzweiflung Selbstmord) gesehen, wissen aber nicht, ob das dort Gezeigte typisch ist. Wir überlegen, wie wir diesen Informationsmangel am besten beheben können, und ein Vater schlägt vor, für das nächste Treffen einige Homosexuelle einzuladen, damit man sich kennenlernen und vielleicht miteinander ins Gespräch kommen könne.

Rolf: die Entdeckung der Liebe zum eignen Geschlecht

Als wir uns 14 Tage später wiedertreffen, sind Thomas, Rolf und Angelika mitgekommen. Sie haben sich bereit erklärt, Rede und Antwort zu stehen. Außerdem sind Silvia, die Tochter von Frau Herder, und ihre Freundin Manuela dabei. Ich hatte mit Rolf und Angelika vorher abgesprochen, daß sie einmal berichten, wie es ihnen mit der Entdeckung, homosexuell zu sein, ergangen war.

Als sich die anfängliche Unruhe gelegt hat, erzähle ich, daß Rolf einen Bericht über sein Coming Out vorlesen wird. Herr Schmidt möchte vorher noch wissen, was ‹Coming Out› bedeutet.

Thomas erklärt: «Das ist ein Begriff aus den USA. Die Homosexuellen dort bezeichnen damit die Zeit, in der sich jemand seiner Homosexualität bewußt wird, quasi vom ersten Entdecken bis zum Akzeptieren.»

«Und zum offenen Auftreten», wirft Silvia ein.

«Es bedeutet auf deutsch ‹Herauskommen›», ergänze ich, «und bezeichnet sowohl das Eingestehen vor sich selbst als auch vor der Umwelt.»

Rolf kann beginnen.

«Der Ort, in dem ich aufgewachsen bin, war eine kleine, überschaubare Stadt mit gut 10 000 Einwohnern. Aus meiner Kindheit fällt mir nur wenig Auffälliges ein. Ich war ein eher stiller Junge und spielte nicht so gern mit den andern Jungen Fußball oder so, sondern las lieber spannende Bücher und hockte drinnen herum. Vielleicht lag es daran, daß ich Angst vor Verletzungen hatte oder einfach die brutalen Wettkämpfe nicht mochte. Ansonsten kann ich mich schwerlich an Unterschiede zu anderen Jungen während meiner Kindheit erinnern. Außer – aber das fiel mir erst kürzlich wieder ein – meinem deutlichen Interesse für Männer.

Ich sehe mich noch – ich war damals sieben oder acht – im Um-kleideraum unseres Sportclubs stehen und fasziniert den Männern beim Auskleiden und Duschen zusehen. Mir fiel nie ein, daß dies ein ausgefallenes Bedürfnis sein könnte, also wurde es auch nicht zu einem Problem. Andere Jungen versuchten vergeblich, durch halbgeöffnete Türen einen Blick in die Damenduschen zu werfen, während ich das Glück hatte, dorthin zu dürfen, wo die für mich attraktiven Wesen waren.

In der Pubertät, so mit dreizehn, erwachte mein Interesse für Mädchen. Ich war aufgeklärt und wußte folglich, was und wie das zwischen Männern und Frauen läuft.

Gern hätte ich so etwas auch mal probiert, denn es gab eine Menge Mädchen, die mir gefielen. Aber ich sah immer viel jünger aus, als ich war, und darauf standen die Mädchen nicht. So be-gnügte ich mich damit, mir beim Träumen oder bei der Selbstbe-friedigung Frauen vorzustellen oder entsprechende Bilder in Illu-strierten zur Unterstützung meiner Phantasie zu benutzen.

In dieser Zeit war für mich sonnenklar: alles ist in Ordnung, du interessierst dich für Frauen, und das ist richtig so. Genaugenom-men habe ich das so nie überlegt. Warum auch, so war es schließ-lich normal! Meinen besten Freunden ging es ebenso, und unsere seltenen gemeinsamen Onanier-Erlebnisse waren für uns alle glei-chermaßen aufregend und geheimnisvoll.

Allmählich bemerkte ich jedoch, daß mein Wunsch, nackte Männer zu sehen, zunahm. Meine Mitgliedschaft im Schwimmver-ein war sehr günstig dafür. Immer gab es schöne Jungen oder Män-ner zu sehen, und mit der Zeit blieb ich länger und länger bei den Duschen. Ich merkte: das war kein allgemeines oder ästhetisches Bedürfnis mehr, sondern ein unmittelbar sexuelles.

Eine dunkle Ahnung kam auf.

Von Homosexuellen hatte ich zwar gehört, aber das waren

schmierige alte Männer, die Kinder in düstere Hauseingänge zerren. Das war ich ja nicht, aber dennoch jagte mir diese Ahnung einen gehörigen Schrecken ein. Für die nächste Zeit achtete ich penibel darauf, bei der Selbstbefriedigung nur an Frauen zu denken. Aber meine Träume konnte ich nicht betrügen, in ihnen kamen immer öfter Männer vor, die mich streichelten und umarmten.

Meine Angst wuchs. Das ist doch nicht normal! So was darf nicht sein! Du mußt dir nur mehr Mühe geben, und sicher liegt das bloß daran, daß du noch keine Erfahrungen mit Mädchen hast. Ein Aufklärungsbuch, das ich mir kaufte, beruhigte mich. Da stand etwas von einer homosexuellen Phase, die jeder hat und die vorbeigeht. Ich hoffte inständig, daß meine homosexuelle Phase bald vorbei sein möge.

Aber meine Bedürfnisse änderten sich nicht. Zu sehr wurde ich von den schönen, reizvollen Männern unter den Duschen angezogen, zu deutlich reagierte ich auf Bilder halbnackter oder nackter Männer in Illustrierten. Jedesmal nach der Selbstbefriedigung schwor ich mir, damit aufzuhören, mir Männer vorzustellen – es ging nicht.

Ich zog mich noch mehr von allen zurück, hatte panische Angst, jemand könnte mein Geheimnis entdecken. Ich wollte um nichts in der Welt homosexuell sein!

Immer wieder versuchte ich, Beziehungen zu Mädchen anzuknüpfen, z.B. in der Tanzstunde. Ich tanzte gut, und das kam an, aber stets war Schluß, wenn es intimer wurde. Es ließ mich einfach kalt.

Warum sollte ich ein Mädchen küssen, obwohl ich nicht wollte? Da war überhaupt kein sexuelles Interesse mehr.

Bei Männern, da war dieses prickelnde Gefühl, dieser unbeschreibliche wohlige Schauer, der den Rücken runterlief, wenn sie ihre Badehose abstreiften und schön und groß mir gegenüber standen.

In der Schule gab es ein paar Klassen über mir einen Jungen, den ich anhimmelte. Alexander hieß er. Er hatte tiefschwarze Haare und sah blendend aus. Häufig wartete ich auf dem Flur vor seiner Klasse, um ihn in den Pausen sehen zu können. Er wirkte so männlich und gleichzeitig zärtlich. Er stellte für mich den Mann meiner Träume dar: empfindsam, aber bestimmt, fähig, etwas in die Hand zu nehmen, aber auch in der Lage, auf andere behutsam einzugehen. Ich weiß bis heute nicht, ob er wirklich so ist – und er weiß bis heute nicht, wie verliebt ich mal in ihn war.

Ich wurde sechzehn, und das Problem wuchs. Alle meine Gedanken drehten sich nur noch darum. Ich fühlte mich stark zu Männern hingezogen – das war nicht länger zu leugnen. Und ich wollte um Himmels willen nicht schwul sein! Aber war ich es überhaupt? Meine Unsicherheit und mein Wunsch nach Klarheit brachten mich dazu, den nächsten Schritt zu machen.

Eines Abends, es war kaum noch jemand im Schwimmbad, versuchte ich einen etwa fünfundzwanzigjährigen Mann auf mich aufmerksam zu machen, der mir schon seit langem aufgefallen war.

Es klappte! Wir gingen zusammen in eine Umkleidekabine. Ich war furchtbar aufgeregt und dachte immer bloß: Hoffentlich sieht uns keiner! Zum erstenmal erlebte ich, was es heißt, einen Mann zu umarmen, ihn fest in den Armen zu halten, geküßt und gestreichelt zu werden. Freilich, da war auch der Ekel. Homosexualität ist ekelhaft, man tut das nicht, ein Mann faßt keinen anderen Mann an!

Der Widerwille wurde größer, und schließlich konnte ich nicht mehr. Ich lief fort und war felsenfest davon überzeugt, daß Homosexualität nichts für mich sei. Ich haßte diesen Mann, beinahe hätte ich ihn angezeigt. Ich war ja noch minderjährig. Dabei war ich es gewesen, der sich an ihn herangemacht hatte, was ich natürlich nun nicht mehr wahrhaben wollte. Ich zeigte ihn nicht an, glücklicherweise, denn in Wirklichkeit haßte ich nicht ihn, sondern meine homosexuellen Gelüste, die mir so falsch und hoffnungslos erschienen. Der Ekel war Ausdruck meiner abgrundtiefen Furcht, nicht Zeichen ‹gesunder› Heterosexualität.

Die nächsten drei Jahre waren ein ewiges Hin und Her. Meine homosexuellen Bedürfnisse ließen sich einfach nicht unterdrükken, so sehr ich es auch versuchte. Einmal verbrannte ich feierlich alle Bilder von Männern, die ich gesammelt hatte, und hoffte damit tatsächlich, die schlimme Phase endlich auszumerzen. Es war vergeblich.

Damals dachte ich ernsthaft an Selbstmord. Ich hatte so viel Angst vor der Zukunft und wollte es meinen Eltern auch nicht zumuten, einen homosexuellen Sohn zu haben. Dann tröstete ich mich wieder mit dem Gedanken, ich könne ja gar nicht schwul sein, weil ich doch Frauen nicht haßte, weil ich weder tuntig war noch kleine Jungen begehrte.

Drei Jahre voller Zweifel, Furcht vor Entdeckung, Ablenkung durch Fernsehen, mit Schulproblemen (sitzengeblieben war ich inzwischen auch), ständigem Streit mit meinen Eltern, völliger Einsamkeit – und dem drängenden Wunsch nach Zärtlichkeit und Sexualität mit einem Mann. Es waren die schlimmsten Jahre meines Lebens. Oft verkroch ich mich tagelang in meinem Zimmer, las oder betäubte meine Gedanken mit lauter Musik.

Mit neunzehn war ich es leid. Mit Mädchen klappte es nicht (und wollte ich im Grunde auch nicht), mit Jungen wollte und sollte ich nicht. Ich litt derart unter meiner Isolation und Einsamkeit, daß ich schließlich beschloß, lieber schwul zu sein, als mein ganzes Leben allein zu bleiben.

Über eine Anzeige lernte ich einen Mann in Hamburg kennen, den ich bald darauf besuchte. Diesmal war der Ekel verschwunden, ich hatte Spaß am Zusammensein. Außerdem hatte ich Klarheit darüber, daß dies der Weg ist, den ich gehen muß, wenn ich glücklich werden will.»

An dieser Stelle brach Rolf ab. Während er las, konnten wir an einigen Stellen merken, wie schmerzhaft noch immer die Erinnerung an diese schlimme Zeit für ihn ist.

Einige Minuten herrscht Schweigen im Raum. Wir alle sind betroffen von dem Bericht. Schließlich meldet sich Frau Sandner zu Wort. Sie möchte wissen, ob es allen so schwer fällt, ihre Homosexualität zu akzeptieren.

Thomas antwortet: «Ich glaube, ich hatte es viel leichter als Rolf. Mit vierzehn wußte ich klar und endgültig, daß ich schwul bin. Das Schwulsein an sich warf überhaupt keine Probleme für mich auf, ich hatte bloß entsetzlich Schiß, daß meine Mutter es rauskriegt.»

Anscheinend stimme es dann doch nicht so ganz, daß Homosexuelle sich so schwer tun mit dem Akzeptieren, meint Herr Sandner.

«Teils, teils», muß ich ihm recht geben, «es gibt unter den heutigen Bedingungen bei uns, vor allem in der Großstadt, manch jugendliche Lesben oder Schwule, die ihre Homosexualität mit Gelassenheit zur Kenntnis nehmen. Genauso wie es Eltern gibt, die nicht vor Schreck halb ohnmächtig werden, sobald sie davon erfahren. Aber der allergrößte Teil tut sich verflixt schwer damit.»

Ob es überhaupt große Übereinstimmungen in den Erfahrungen von Homosexuellen im Coming Out gäbe, möchte Frau Jung wissen. Ich berichte von den vielen Coming-Out-Berichten und meiner Arbeit über diese Zeitspanne bei männlichen Jugendlichen.

Trotz vieler, immer wieder auftauchender Gemeinsamkeiten (Identitätskrise, Abwehr, Kampf gegen die homosexuellen Gefühle und schließlich Akzeptieren) konnte ich nur ein Merkmal feststellen, welches beinahe in jedem Fall auftrat: die zeitweilige Isolation. Bedingt durch die Angst, als gleichgeschlechtlich Liebende abgelehnt zu werden, und durch das Gefühl, allein zu stehen mit diesen ‹anderen› Bedürfnissen, ziehen sich die meisten zurück.

Und dann füge ich noch hinzu: «Auch eine weitere Sache darf man nicht vergessen: unsere Gesellschaft hat immer noch deutlich festgelegte Geschlechtsrollen. Dies führt zu einigen Unterschieden im Coming Out von lesbischen Frauen und schwulen Männern. Vielleicht erzählt Angelika ein wenig darüber, damit wir es vergleichen können.»

Angelika: «Durch Ulla war ich hin und weg»

Nun berichtet Angelika über ihre Erfahrungen.

Wie Rolf hatte auch sie wenig von ihrem ‹Anderssein› in der Kindheit bemerkt.

«Ich spielte gern mit Jungen, wahrscheinlich weil ich drei Brüder habe. Natürlich hatte ich auch Freundinnen, aber die waren mir zu langweilig. Erst in der 8. Klasse lernte ich ein Mädchen kennen, das ich sehr gern hatte. Wir saßen in der Schule zusammen und waren auch sonst die meiste Zeit beieinander. Sie hatte wunderschöne Haare. Wenn ein Junge sie ärgerte, dann bekam er von mir Dresche, da war ich wirklich gut drin. Irgendwie hatte ich das Bedürfnis, sie zu beschützen, weil sie so zart und lieb war. Es war herrlich, mit ihr Hand in Hand zu gehen.

Leider ist sie nach einem Jahr weggezogen. Ihr Vater wurde versetzt, und ich habe sie seither nicht mehr gesehen. Ich war furchtbar traurig und wollte tagelang niemanden sehen. Das hatte für mich mit Lesbisch-Sein aber nix zu tun.

Bald darauf verliebte ich mich in einen Jungen aus der Klasse über uns. Er hatte denselben Heimweg, und so gingen wir manchmal zusammen nach Hause. Dabei hat es dann zwischen uns gefunkt. Fast ein dreiviertel Jahr waren wir zusammen, und auseinandergegangen ist es vor allem deshalb, weil er unbedingt mit mir schlafen wollte. Ich hatte viel zuviel Angst davor, ein Kind zu bekommen.

Meine Mutter hatte eine sehr negative Einstellung zur Sexualität, vor allem wegen der möglichen Schwangerschaft. Ich teilte die Einstellung nicht, aber irgendwie wirkte sie sich doch auf meine sexuellen Empfindungen aus.Deshalb machte ich Schluß.

Nun war ich also wieder allein. Alle Mädchen hatten ihren Freund, und wenn du allein bist, ist es auf jeder Fete doof, weil es nach kurzer Zeit doch nur ums Knutschen geht. Folglich habe ich wieder eine Beziehung zu einem Typ angefangen, und als der nach einiger Zeit mehr wollte, habe ich mitgemacht, um ihn nicht zu verlieren. Gebracht hat es mir allerdings gar nichts. Er hat sich

ausgetobt, und mir hat es nur weh getan. Später wurde es zwar etwas besser, aber so richtig Spaß hatte ich nie daran.

Mit achtzehn lernte ich dann Bernd kennen. Er gefiel mir spontan, und wir haben uns erstklassig verstanden. Bei ihm hatte ich auch nicht das Gefühl, der will bloß mit dir ins Bett. Ich fühlte mich bei ihm geborgen und glaubte, endlich den ‹Richtigen› gefunden zu haben. Vielleicht wäre das alles ganz normal weitergelaufen, ich würde heiraten und Kinder kriegen, wenn Ulla nicht gewesen wäre.

Ulla arbeitete in dem Laden, wo ich ein Praktikum gemacht habe. Anfänglich mochte ich sie gar nicht, sie wirkte so verschlossen.

Durch einen blöden Zufall verpaßte ich einmal den Zug, und sie bot mir an, mich mit ihrem Wagen nach Hause zu bringen. Während dieser Fahrt erst merkte ich, wie nett sie eigentlich war. Von da an fuhren wir öfter mit dem Auto von der Arbeit, bis sie mich endlich einmal zu sich einlud. Ich freute mich riesig, denn es war schon längst mehr als bloße Sympathie, was ich für sie empfand.

Natürlich sagte ich niemandem was davon, denn unheimlich war mir das doch. Als sie mir an diesem Abend einen Kuß gab, war ich hin und weg. Da war etwas, was ich bei Männern nie empfunden hatte.

Wir waren von da ab pausenlos zusammen, und meine Beziehung zu Bernd litt sehr darunter. Bernd war natürlich sauer, aber ich hatte nun mal in erster Linie Ulla im Sinn.

Um es kurz zu machen: nach etwa drei Monaten trauten wir uns zum erstenmal, miteinander zu schlafen. Es war im Grunde völlig logisch, daß es dazu kam, und ich merkte: das ist es! Ich hätte sie am liebsten gar nicht mehr losgelassen.»

Männer und Frauen haben unterschiedliche Probleme mit ihrer Homosexualität

Weibliche Homosexuelle leiden besonders unter der mangelnden Achtung unserer Gesellschaft gegenüber Frauen.

Wertschätzung wird der Frau in erster Linie in ihrer Rolle als Mutter und Partnerin des Mannes entgegengebracht, Selbständigkeit und Engagement in angeblich ‹männlichen Domänen› werden argwöhnisch beäugt. Jeder Schritt aus den vorgeprägten Pfaden stößt weithin auf Ablehnung und ist zudem für das Mädchen selbst mit enormen Ängsten verbunden.

Was bei Angelika nur anklang, beschreibt Manuela drastischer: «Ich war so auf Männer programmiert, daß ich anfänglich folgsam den Platz an der Seite eines Mannes einnahm. Ich merkte schlichtweg nicht, daß das überhaupt nicht meinen sexuellen Bedürfnissen entsprach. Mir war eingetrichtert worden, daß es bei Frauen auf sexuelle Erfüllung nicht sonderlich ankommt, und deshalb habe ich mich damit abgefunden. Deshalb hat es mich nicht einmal stutzig gemacht, daß ich nie einen Orgasmus hatte. So lächerlich das klingen mag, aber ich wußte gar nicht, was das ist. Ich sehnte mich ohnehin mehr nach Zärtlichkeit als nach Sexualität. Sex erschien mir als etwas Bedrohliches, wie ein großes schwarzes Loch, an das ich mich nicht heranzugehen traute.»

Furcht vor Sexualität, Scheu vor der Selbständigkeit und natürlich auch Angst davor, den Erwartungen der Umwelt nicht zu entsprechen, verzögern so das Coming Out.

Dazu kommt die banale Tatsache, daß die Existenz von lesbischen Frauen noch stärker geheimgehalten wird als die schwuler Männer. Nur wenige wissenschaftliche Arbeiten über Homosexualität berücksichtigen Frauen. Isolation und Mutlosigkeit sind schließlich die Auslöser für ein Schicksal, wie es Angelika erlebte:

«Zwei Jahre war ich mit Ulla zusammen. Niemand ahnte etwas davon, und wir hatten beide panische Angst davor, entdeckt zu werden. Ich wußte, diese Freundschaft war genau das Richtige für mich, aber der pausenlose Druck von Familie und Kollegen machte uns zu schaffen. Unser Selbstbewußtsein war nicht ausreichend, um möglichen Diskriminierungen standzuhalten.

Daran lag es wohl auch, daß ich nach unserer Trennung versuchte, wieder ein ‹normales› Leben zu führen. Ich ließ mich mit einem Kollegen ein, der schon lange um mich als ‹Ungebundene› warb. Diese Beziehung war die Hölle. Ich wußte ja, wo meine wahren Bedürfnisse liegen, aber ich zwang mich, mit einem Mann zusammenzusein. Diese Zwickmühle zerstörte mich vollkommen. Im Januar 1979 wurde ich mit einem Nervenzusammenbruch in die Psychiatrie eingeliefert, und erst dort machte mir die Ärztin klar, wie sinnlos mein Verhalten war.»

Zwei Drittel aller Lesben haben zuerst Beziehungen – auch

sexuelle – mit Männern (Schäfer/Schmidt 1973, S. 35). Bei homosexuellen Männern ist dieser heterosexuelle ‹Umweg› weitaus seltener. Das Coming Out der Lesben ist folglich nicht nur später, sondern liegt in der Regel auch erst nach einer längeren heterosexuellen Phase.

Nervenzusammenbrüche, Depressionen und Selbstmordversuche sind der Preis dieser jahrelangen Verleugnung der wirklichen Gefühle und Wünsche. Die Selbstmordrate bei lesbischen Frauen ist außergewöhnlich hoch – jede dritte sieht irgendwann keinen anderen Ausweg mehr als den Tod (Schäfer/Schmidt 1973, S. 35). Bei männlichen Homosexuellen liegt der Anteil niedriger (hier ist es jeder fünfte), aber immer noch doppelt so hoch wie bei heterosexuellen Jugendlichen (Dannecker/Reiche, 1974, S. 357f).

«Aber das ist es doch gerade!» Frau Schmidt meldet sich zu Wort, ihre Stimme klingt kraftlos und ohne Hoffnung. «Darüber haben wir doch neulich gesprochen, und» – sie wendet sich an mich – «Sie haben so getan, als ob unsere Sorgen um die Kinder unbegründet sind!»

Ich sitze in der Patsche. Gewiß, die Eltern sind nach den Berichten von Rolf, Angelika und Manuela offener für die Probleme ihrer Kinder geworden, aber gleichzeitig haben die Erzählungen ihre Befürchtungen bestätigt: ein Leben als homosexueller Mann oder als homosexuelle Frau ist traurig und schmerzhaft!

Thomas und Silvia protestieren, und Herr Siegmund hat – wie so oft – die passende Antwort parat: «Das sagt doch keiner. Niemand garantiert einem ein glückliches Leben, uns allen nicht und Homosexuellen erst recht nicht. Aber wer heute noch unter Diskriminierung zu leiden hat, muß doch deshalb nicht später auch unglücklich sein! Was hat sich nicht alles in den letzten Jahren getan? Heutzutage trauen sich viele Homosexuelle an die Öffentlichkeit, ohne daß sie Verachtung ernten. Die Ängste sind häufig unbegründete Überbleibsel aus einer Zeit, in der Homosexuelle weitaus schlimmer dran waren. Wir sollten uns wirklich hüten, ständig von der Vergangenheit auf die Zukunft zu schließen. Immerhin leiden Homosexuelle nicht unter ihrer Veranlagung, sondern an der Ablehnung durch andere. Und wie lange die noch bestehen bleibt, liegt auch an uns!»

Silvia ist schon die ganze Zeit unruhig auf ihrem Stuhl hin und her gerutscht, weil sie unbedingt etwas dazu sagen will.

«Das ist doch auch jetzt nicht immer so. In unserer Schüler-gruppe sind eine ganze Menge Jugendlicher, denen das längst nicht so schwer fiel. Mir stinkt sowieso, daß immer nur über Diskriminierung und Angst geredet wird, als ob wir Lesben ständig nur zu Hause sitzen und ins Kissen weinen! Es kommt doch drauf an, was man draus macht!»

Gruppen, Clubs, Cafés und Zentren: Freunde finden

Was homosexuelle Männer und Frauen draus machen, wollen wir jetzt betrachten. Wie gehen sie mit ihren Problemen um? Welche Lösungen haben sie gefunden für die spezifische Situation als Minderheit in einer Gesellschaft?

Nach der Erkenntnis, homosexuell zu sein, ist es für die meisten das größte Problem, andere Homosexuelle kennenzulernen. Für Heterosexuelle gibt es in dieser Hinsicht vielerlei Möglichkeiten: in der Schule, am Arbeitsplatz, in Tanzstunde oder Discothek, im Theater oder selbst auf der Straße.

Was aber macht ein Junge, dem ein anderer Junge gefällt? Da wird es kritisch. Woher soll er wissen, ob der andere homosexuell ist? Also muß er versuchen, es herauszufinden – eine vertrackte Angelegenheit, denn jeder Schritt zu weit könnte dem anderen offenbaren, daß man selbst homosexuell ist. Und wenn der es dann nicht ist ... nicht auszudenken!

Es gibt nur einen Bereich, in dem das anders ist: die homosexuelle Subkultur.

‹Subkultur› ist ursprünglich ein soziologischer Begriff, der sich unter Homosexuellen als Sammelbezeichnung für alle Treffpunkte schwuler Männer und lesbischer Frauen eingebürgert hat.

In der Soziologie wird der Begriff ‹Subkultur› für soziale Bereiche benutzt, in denen besondere Wertvorstellungen gelten: Es gibt die jugendliche Subkultur oder auch religiöse «Subkulturen». Subkulturen finden sich besonders dort, wo bestimmte Verhaltensweisen oder Bedürfnisse von der Gesellschaft verachtet werden. Die Subkultur ist dann der kleine Freiraum, in dem man ‹unter sich› ist, in dem andere Normen und Werte gelten als ‹draußen›.

Mit der homosexuellen Subkultur ist es genauso. Hier befinden sich Homosexuelle ausnahmsweise in einer Situation, die für Heterosexuelle die Regel ist. Das Alltägliche ist auf den Kopf gestellt: Hier ist es normal, homosexuell zu sein. Jeder Mann, jede Frau kommt als mögliche/r Partner/in in Frage, niemand nimmt Anstoß an gleichgeschlechtlichen Beziehungen.

Heterosexuelle können sich schwer vorstellen, wie befreiend es sein kann, in diese ‹andere Welt› einzutauchen. Kein erstaunter Blick, wenn ein Mann einen anderen Mann zum Tanzen auffordert, kein Stirnrunzeln, wenn eine Frau einer Frau sagt: «Ich möchte dich näher kennenlernen.» Die homosexuelle Subkultur ist für die meisten Homosexuellen der einzige Ort,

an dem sie diese Seite ihrer Persönlichkeit offen zeigen und ausleben können. Dies darf man nicht . vergessen, wenn man sich mit dem unguten Gefühl in der Magengrube auseinandersetzt, das viele beim Gedanken an solche Örtlichkeiten überkommt!

Was gibt es überhaupt an Treffpunkten für Homosexuelle?

Für lesbische Frauen nur wenige: einige Bars und in manchen Städten spezielle Abende in Jugend- oder Frauenzentren. Hier spielt der schon oben erwähnte Unterschied zwischen Frauen und Männern gewiß eine Rolle. Auch sind homosexuelle Frauen durch ihre Erziehung weniger auf kurze sexuelle Abenteuer aus (zumindest viele von ihnen), so daß sich auf Grund geringer Nachfrage wenige Treffpunkte entwickelt haben. Anders bei schwulen Männern. Die Palette reicht von Bars, Discotheken und Cafés über Saunen und spezielle Kinos bis hin zu Parkanlagen und bestimmten öffentlichen Toiletten.

Während Bars usf. neben der Möglichkeit, Kontakte anzuknüpfen, auch Unterhaltung und Tanz bieten, sind die Parkanlagen und anderen öffentlichen Orte hauptsächlich dazu da, sexuelle Annäherung zu ermöglichen.

Aber auch von den homosexuellen Bars und Discotheken ist die Vorstellung verbreitet, daß sie hauptsächlich der Aufnahme sexueller Kontakte dienen, und so verwundert es – bei der immer noch verbreiteten allgemeinen Sexualfeindlichkeit – nicht, wenn diese Örtlichkeiten viele abstoßen.

Frau Nieman, die Mutter eines Homosexuellen, erzählte mir einmal, was sie darüber gedacht hatte und wie sie dann von der Wirklichkeit überrascht wurde.

«Stefan ging jedes Wochenende in eines von diesen Homo-Lokalen. Mir gefiel das nicht, aber was sollte ich machen? Irgendwie hat man so komische Vorstellungen davon – wie von ganz wilden Nacht-Clubs, wo nackte Frauen auf den Tischen tanzen und wo es Liebesecken mit Vorhängen gibt, wo Orgien stattfinden. Natürlich mochte ich darüber mit Stefan nicht reden, weil es mir peinlich war. Aber als er mehrere Male hintereinander über Nacht wegblieb, habe ich ihn doch gefragt.

Er hat gelacht und gesagt: ‹Paß auf, Mutti, nächsten Samstag kommst du mit! Einverstanden? Dann kannst du mal sehen, wo ich immer hingehe.›

‹Das geht doch nicht›, habe ich ihm gesagt. ‹Ich kann doch nicht in so ein Lokal gehen.›

Aber er ließ nicht locker, und da habe ich ja gesagt. Neugierig war ich ja schon, was nun in so einem Club passiert, aber ängstlich war ich auch.

‹Brauchst keine Angst zu haben, Mutti›, sagte er. ‹Wird dich schon keiner vergewaltigen dort!› Ich mußte lachen.

‹Zieh dir ein schönes Kleid an, und dann stolzieren wir los.›

Ich war fürchterlich aufgeregt, als wir hingingen, aber ich ließ mir nichts anmerken. An der Tür zum Lokal mußte man klingeln.

‹Damit nicht irgendwelche Schlägertypen einfach reinkönnen›, erklärte Stefan.

Drinnen war es elegant eingerichtet, im Stil der zwanziger Jahre, mit hübschen Tischen und Stühlen oder Sofas. Weiter hinten befand sich eine Tanzfläche mit so Lichtgeflimmer. Ansonsten war die Beleuchtung dezent und gemütlich. Ich mußte daran denken, wie ich früher mit meinem Mann ausgegangen bin, das damals sah nicht viel anders aus in den Bars.»

Frau Niemann war verwundert, wie ‹normal› es in dem Homosexuellen-Lokal zuging – außer natürlich, daß vorwiegend Männer anwesend waren, die miteinander tanzten oder sich unterhielten.

Um gerecht zu sein: so wie für Heterosexuelle gibt es auch in der Homosexuellen-Subkultur Bars, in denen mehr passiert. Da gibt es Extra-Räume, die ziemlich dunkel sind und in denen man sich näherkommen kann. Hier verwischen die Grenzen zu den anderen Bereichen der homosexuellen Subkultur, die einen direkten sexuellen Kontakt ermöglichen – oder wenigstens das Anknüpfen solcher Kontakte: spezielle Saunen, Parks und Toiletten.

Es hätte wenig Sinn, hier den Wert oder Unwert derartiger Treffpunkte zu diskutieren. Wir alle, selbst die Freimütigsten und Aufgeklärtesten, tun uns schwer mit Sexualität, die den Rahmen der vertrauten Zweisamkeit in Ehe oder längerer Beziehung durchbricht. Die Sexualforschung spricht zwar davon, daß jeder Mensch geheime Sehnsüchte und Begierden hat, die von vielen schnell als ‹pervers› verunglimpft werden. Aber es sind eben geheime, weil die meisten Menschen Angst haben. Wir trauen uns nicht, diese Wünsche auszuleben – viele Menschen trauen sich nicht einmal in der Ehe, diese geheimen Phantasien auszusprechen und auszuleben. Das Tabu ist zu stark.

Sexuelle Kontakte in Parks oder Toiletten – es fällt schwer, das zu akzeptieren. Dabei ist es nichts anderes, als wenn heterosexuelle Männer ins Bordell oder in die Peep-Show gehen oder als wenn heterosexuelle Frauen sich einen Callboy mieten. Der einzige – und gar nicht so unwichtige – Unterschied ist: Homosexuelle brauchen nicht dafür zu bezahlen, und manchmal ergibt sich aus derartigen Kontakten doch eine längere Beziehung.

Für mich ist es nichts anderes als Heuchelei, wenn unsere Mitmenschen gleichgeschlechtliche Liebe und Sexualität verdammen und dann mit Verachtung auf jene herabblicken, die ihre Homosexualität nur in anonymen, kurzen Begegnungen befriedigen können. Denn die Diskriminierung und Ausgrenzung sind der Grund für das Ausweichen der Homosexuellen in die letzten dunklen Ecken.

50 Prozent aller Homosexuellen, die in Parks oder Toiletten Kontakt suchen, sind verheiratet! (L. Humpheys 1974). Tagsüber führen sie das Leben des braven Familienvaters, und nur an diesen Orten können sie unerkannt ihrem wahren Bedürfnis nachgehen.

Die bisher erwähnten Treffs haben eine lange Tradition. Sie waren vielgestaltig in liberaleren Zeiten oder auf minimale Möglichkeiten begrenzt bei extremer Verfolgung, wie etwa während der Nazi-Herrschaft. Heute sind viele, vor allem jüngere Schwule und Lesben, mit diesen Angeboten der Subkultur nicht mehr zufrieden. Selbst in solchen Bars, wie wir gerade eine vorgestellt haben, herrscht teilweise eine verkrampfte Atmosphäre, bedingt durch Geheimnistuerei und die verbissene Suche nach einem Partner.

Wer solche Situationen beobachtet, dem kommen Befürchtungen wie jene, über die wir im 3. Kapitel gesprochen haben, gar nicht so absurd vor. Wie sagte da doch eine Mutter? «Wenn ich an später denke, ist mir ein bißchen Angst um meinen Sohn. Ich fürchte, daß er dann einsamer ist als ein Mensch mit heterosexueller Veranlagung.» Isolation und Vereinzelung, das war in der Tat noch bis vor kurzem das Schicksal der meisten Homosexuellen.

Allerdings: die Unzufriedenheit vieler junger Schwuler und Lesben mit der Situation in Teilen der Subkultur hat inzwischen zu Veränderungen geführt. Ein Umstand, der zeigt, wie richtig Herr Siegmund mit seinem Optimismus liegt. Erinnern Sie sich, was er im letzten Abschnitt sagte? Unbefriedigende Situationen können

(weiter S. 110)

Ein Rundgang durch das Magnus Hirschfeld Centrum in Hamburg

Es ist später Nachmittag. Von draußen geht mein Blick durch die großen Fenster in die Cafeteria des Zentrums. Er verfängt sich zunächst an den üppigen Grünpflanzen hinter den Schaufenster-Scheiben. Auf den schlankbeinigen Bistro-Tischen stehen Kerzen und kleine Blumensträuße. Es ist ein Vergnügen einzutreten. Die Wände sind mit weißer Strukturtapete beklebt, Bilder unterstreichen die gemütliche und anheimelnde Atmosphäre.

In kleinen Gruppen sitzen Männer und Frauen bunt zusammengewürfelt beieinander, unterhalten sich oder blättern in Zeitschriften.

Aus dem Raum mit dem Klappern der Kuchenteller, dem Kaffeeduft, den Zeitungslesern und Schachspielerinnen führt ein Flur nach hinten in den Saal, die ehemalige Backstube. Hier im Gang, wo die Mauern mit Kork verkleidet sind, bleibt mein Blick an Plakaten und Zeitungsausschnitten hängen, daneben andere Informationen: «Wer hat Interesse an einer Lehrergruppe?» oder «Suche gebrauchte Waschmaschine».

Dann bin ich im großen Saal des Zentrums. Wo früher der riesige Backofen war – er wurde in mühseliger Kleinarbeit abgetragen –, ist jetzt eine Bühne, dahinter ein Garderoben- und ein Technikraum.

Hier versammeln sich die

106

Leute, um Vorträgen zuzuhören und Filme anzuschauen, Schriftsteller lesen aus ihren Werken, hier geht es heiß her bei Diskussionen, und nicht zuletzt hat dieser Saal schon manch fröhliches Fest gesehen.

Vom Zwischenflur führt eine enge Wendeltreppe nach oben ins Informations- und Beratungszentrum. Sechs Räume: linker Hand die Telefonzentrale, Gruppenräume und ein Sprechzimmer, rechter Hand das Büro und ein weiterer Gruppenraum.

Telefonisch und im persönlichen Gespräch beraten Mitarbeiter des Zentrums Homosexuelle und ihre Angehörigen. Hier treffen sich auch regelmäßig eine Coming-Out- und eine Elterngruppe.

Jetzt geht es wieder die Treppe hinunter, und dann noch eine zweite – ins Tiefparterre. Am Ende der Treppe und in den Gängen hängen Bilder. Diese Wände werden für wechselnde Ausstellungen genutzt.

Auch hier unten gibt es Büroräume, zwei an der Zahl, in denen der Sekretär sitzt und sich die verschiedenen Organisationsgruppen des Hauses treffen. Zur Zeit findet dort auch ein Französischkurs statt. Dahinter liegt der große Gruppenraum, ebenfalls eine alte Backstube – den Ofen in diesem Raum ließen sie zur Erinnerung stehen.
In mehreren weiteren Zimmern befinden sich Werk- und Spielmöglichkeiten (die Schachrunde trifft sich mittwochs) sowie eine Dunkelkammer für die Fotogruppe.

Nach diesem langen Rundgang setzen Sie sich am besten noch auf eine Tasse Kaffee mit mir in die Cafeteria und genießen ein Stück von dem vorzüglichen Kuchen, den die Leute des Zentrums selber machen. Ich hoffe, es hat Ihnen gefallen. Kommen Sie gern wieder – hier freut sich jeder über Ihren Besuch, denn die Devise lautet: Offenheit, nicht Abgrenzung.

geändert werden, neue Möglichkeiten können geschaffen werden, sofern man unter dem Bestehenden leidet.

Ja, inzwischen hat sich einiges getan. Seit über zehn Jahren gibt es in allen Teilen der Bundesrepublik Homosexuellen-Gruppen, in denen es weitaus bessere Gelegenheiten gibt, miteinander vertraut zu werden und Beziehungen anzuknüpfen – durchaus vergleichbar einer Jugendgruppe, Bürgerinitiative oder Gemeinde, in der sich Heterosexuelle durch die gemeinsame Arbeit näherkommen und Freunde werden. Nicht der erste, trügerische Eindruck zählt, man wird vertraut mit der ganzen Person, ihren Qualitäten und ihren Schwächen.

Gruppen (auf die wir später noch einmal in anderem Zusammenhang zurückkommen) sind dabei nicht das einzige, was Schwulen und Lesben einfiel, um einander besser kennenlernen zu können. Viele alternative Zeitschriften und auch die Homosexuellen-Magazine veröffentlichen Kontaktanzeigen, vergleichbar den altbekannten Heiratsannoncen. Diese Anzeigen sind besonders wichtig und hilfreich für Homosexuelle, die weitab größerer Städte leben.

Manche Homosexuelle tragen inzwischen Abzeichen oder Symbole, die zumindest Eingeweihten verdeutlichen: hier hast du es mit einem Schwulen oder einer Lesbe zu tun.

Ein griechisches λ ist so ein Erkennungszeichen – diskret, aber wirksam. Dieselbe Funktion können Lesben- oder Schwulenabzeichen haben, wie etwa der ‹Rosa Winkel› (abgeleitet von dem Kennzeichen für Homosexuelle in Konzentrationslagern) oder biologische Symbole ♂♂ (schwul) und ♀♀ (lesbisch). Dadurch sind sie in jeder Situation für andere Homosexuelle als ebensolche zu erkennen, selbst auf der Straße. Kein verstohlenes Beobachten mehr, kein gespanntes Warten auf ‹verräterische› Bewegungen – man weiß, wen man vor sich hat.

Eine ausgezeichnete Gelegenheit, andere Homosexuelle kennenzulernen, bieten außerdem Kommunikationszentren für Schwule und Lesben. Manche bundesdeutsche Gruppe hat eigene Räume, die wenigstens zeitweise auch für Nicht-Mitglieder offen sind. Größere Kommunikationszentren aber, die täglich geöffnet sind und die vielfältige Betätigungsmöglichkeiten bieten, gab es bis 1983 nur in wenigen Großstädten im Ausland. Dies ist nicht verwunderlich, kann doch nur eine große, engagierte Gruppe ein derartiges Projekt aufziehen.

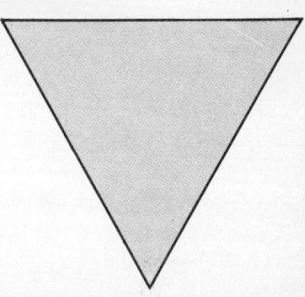

Im Juni 1983 öffnete das Magnus Hirschfeld Centrum in Hamburg seine Pforten, das erste große Kommunikations- und Beratungszentrum für homosexuelle Männer und Frauen in der Bundesrepublik. Trägerin des dreistöckigen Zentrums ist die Unabhängige Homosexuelle Alternative (UHA e.V.), welche die Räumlichkeiten angemietet und in monatelanger Arbeit von Mitgliedern und Helfern um- und ausgebaut hat.

Dieses Zentrum ist ein großer Schritt nach vorn zu einer immer besseren Lebensmöglichkeit für Homosexuelle.

Es befindet sich in einer ehemaligen Bäckerei am südlichen Rand des Stadtparks, nur ein paar Schritte von der U-Bahn-Station entfernt, Borgweg 8. (S. a. den Kasten «Ein Rundgang durch das Magnus Hirschfeld Centrum in Hamburg»)

Wenn die Entwicklung so weitergeht, wie sie in den ersten achtziger Jahren begonnen hat, steigen die Chancen Ihrer Kinder gewaltig, vor Isolation und Einsamkeit bewahrt zu bleiben.

Peter und Holger –
eine fünf Jahre alte Beziehung

Freitag nachmittag, 15.45 Uhr. An der U-Bahn treffe ich mich mit Erika Lenz, Mutter zweier homosexueller Kinder, eines Mädchens und eines Jungen. Einige Wochen vorher hatten wir gemeinsam im Magnus Hirschfeld Centrum Peter und Holger kennengelernt, einen Schüler und einen Studenten, die seit fast fünf Jahren miteinander befreundet sind.

Etlichen Eltern fällt es schwer, sich langfristige Beziehungen bei Homosexuellen vorzustellen.

«Ich weiß nicht, ob die das überhaupt wollen! Was man so liest in den Zeitungen, sind die doch bloß an Sex interessiert», äußerte eine Mutter. Bei lesbischen Frauen paßt ein vertrautes langfristiges Miteinanderleben eher ins Bild, aber bei zwei Männern erscheint so etwas doch wenig glaubhaft.

Auf Grund solcher verbreiteter Ansichten erscheinen Sorgen, das Kind würde auf immer allein bleiben, nur konsequent.

«Wenn unser ältester Sohn mit seiner Freundin kam, das hat mir so weh getan! Ich habe gedacht, o Gott, daß Jens nun niemals eine eigene Familie haben wird und da alleine hockt …»

Wochen und Monate hat Frau Siegmund damit zugebracht, sich über dieses Problem das Gehirn zu zermartern. Der Gedanke, daß eine homosexuelle Partnerschaft möglich sein und dieselbe Geborgenheit wie die ihr vertraute Ehe bieten könnte, erschien ihr abwegig.

Wieviel besser wäre es gewesen, sie hätte das tun können, was Frau Lenz an diesem Nachmittag mit mir gemeinsam tut: wir besuchen Holger und Peter in ihrer Wohnung, um uns von ihren Erfahrungen miteinander erzählen zu lassen.

Die beiden sind noch jung. Peter ist 20 und Holger 24 Jahre alt.

Sie sind – dies vorweg – garantiert kein «typisches Paar».

Ich habe sie nicht ausgewählt, um eine Musterbeziehung vorzuführen. Peter und Holger sind *ein* homosexuelles Paar, eines von vielen, einige andere mögen ihnen gleichen, viele Paare indes mögen ihre Beziehung ganz anders leben.

Aber eines ist doch wichtig: Peter und Holger sind jung genug, um weniger durch die schlimme Diskriminierung früherer Jahre beeinflußt zu sein – das ist ihre Chance. Und sie sind lange genug zusammen, um ausreichende Erfahrungen miteinander und mit dieser Form des Lebens gesammelt zu haben.

Bewußt habe ich zwei Männer ausgewählt und nicht ein lesbisches Paar, weil man schwulen Männern am ehesten die Fähigkeit zu und das Interesse an längeren Beziehungen abspricht. Natürlich gibt es Unterschiede zu lesbischen Paaren. Darauf komme ich am Ende dieses Abschnitts zu sprechen.

Auch Holger konnte sich früher nicht vorstellen, daß Homosexuelle zusammen leben können.

«Ich dachte, Schwulsein bedeutet, mit einem anderen Mann ins Bett zu gehen. Ich hatte noch keine Vorstellung von Freundschaft, war gerade aus dem Elternhaus rausgekommen und noch bei der Bundeswehr. Aber Peter war so ein lieber Mensch, und er hat mich gelehrt, wie man eine Ehe aufbaut.»

Ich wundere mich über den Ausdruck ‹Ehe›, der doch sonst nur für die Verbindung zwischen Mann und Frau benutzt wird.

Holger sieht von den Gefühlen her große Ähnlichkeiten zwischen beidem: «Ich habe viele Mädchenfreundschaften gehabt und habe auch Mädchen geliebt. Ich kann da keinen Unterschied zu meiner Liebe Peter gegenüber sehen.»

«Es gibt schon einen Unterschied», wirft Peter ein. «Ich würde es nicht akzeptieren, wenn bei Homosexuellen einer die Rolle des Mannes und einer die Rolle der Frau übernimmt. Das finde ich Schwachsinn. In unserer Beziehung gehen beide arbeiten, beide kochen Kaffee, beide saugen Staub, beide kaufen ein. Vielleicht mal der eine mehr, der andere weniger, aber jeder übernimmt alles mal. Es ist auch nicht so, daß sich einer von uns hinsetzen würde und sagen, der andere macht jetzt seine Karriere, was bei vielen Beziehungen zwischen Mann und Frau ja der Fall ist. Wir versuchen das so aufeinander abzustimmen, daß keiner zurückstecken muß.»

Peter spricht diesen Punkt zu Recht an. Hält sich doch allenthalben das Gerücht, in homosexuellen Partnerschaften würde einer die Rolle des Mannes und einer die Rolle der Frau übernehmen.

Unser Denken ist eingefahren, unsere Vorbilder sind beständig – da ist kein Platz für Neues.

Aber was haben die herkömmlichen Rollenklischees mit Homosexuellen zu tun?

Zu Zeiten, in denen sich immer mehr Frauen und Männer bemühen, etwas an den festgefügten Geschlechtsrollen zu ändern, kann man kaum erwarten, daß Schwule und Lesben großen Wert auf Tradition legen und die alten Klischees kopieren.

Eine Lesbe drückt dies sehr passend aus: «Wenn ich einen Mann haben wollte, würde ich mir einen Mann suchen. Ich liebe meine Freundin, weil sie eine Frau ist, genauso wie ich selbst!»

In homosexuellen Partnerschaften sind nun mal entweder zwei Frauen oder zwei Männer zusammen.

Während Frauen aber von klein auf lernen, sich anzupassen und auf andere einzugehen (ein spürbares Plus bei lesbischen Beziehungen), ist dies bei Männern in der Regel nicht der Fall.

«Keiner versucht zurückzustecken. Das liegt wohl am Temperament», meint Holger. «Zwei Männer untereinander – das ist ein einziger Dauerkampf, der geht nie zu Ende!»

Für allgemeingültig halte ich diese Aussage nicht, denn ich habe durchaus das Gegenteil erlebt.

Aber bei diesen beiden kommt etwas Ungewöhnliches hinzu: «Unser Alltag ist überhaupt nicht geregelt. Wenn zwei berufstätige Männer zusammen wohnen, läuft das ja so ab: die stehen um halb sieben auf, frühstücken, gehen zur Arbeit, sind um 17 Uhr wieder da und können sich freuen, zu Hause zu sein. Bei uns ist das nicht der Fall. Ich studiere bzw. mache jetzt Examen und sitze viel am Schreibtisch, Peter hat um 13 Uhr frei und außerdem seine ganzen Ferien. Man sieht sich ununterbrochen, von morgens bis abends. Der Konfliktstoff wird einfach größer dadurch. Wenn man das über Jahre macht, ist das natürlich schwer.»

Und doch sind sie immer noch zusammen.

Warum?

Holger antwortet: «Weil ich meine Liebe höher einschätze als den Krach. Das ist eine Frage der Liebe. Das ist doch ganz normal: Wenn ich meinen Partner liebe, will ich mit ihm zusammenbleiben.

Natürlich könnte ich zehn oder zwanzig Gründe dafür finden, daß man auseinandergeht. Das ist überall so, aber man geht deswegen nicht auseinander.»

Peter ergänzt: «In der homosexuellen Szene ist das bei vielen so: Wenn die jemanden kennenlernen, ist es jedesmal die große Liebe, und jedesmal haben die ziemlich dicht am Wasser gebaut, wenn das auseinandergeht. Das versteh ich nicht. Das nehme ich doch gar nicht ernst. Ich glaube nicht, daß ich in der Lage wäre, mit meinen Gefühlen mal da und mal dort ...»

Er macht eine Pause und trinkt einen Schluck Kaffee.

«Okay, es wäre vielleicht besser für mich, allein zu wohnen, aber es würde für mich keinen Grund geben, mich von Holger zu trennen oder mich in jemanden anderes zu verlieben. Ich habe das, was ich mir dachte, gefunden. Es wäre schwachsinnig, nun durch die Gegend zu laufen, um nach anderen Leuten zu suchen. Ich würde nie auf den Gedanken kommen, mit einem anderen eine Beziehung aufzubauen – vielleicht, weil ich weiß, wie schwer das ist.»

Frau Lenz spricht aus, was mir ebenfalls durch den Kopf geht: «Mir fällt auf, daß ihr auf kein Beziehungsmuster zurückgreifen könnt. Ihr müßt alle Entscheidungen individuell treffen, bei allem, was euer Zusammenleben betrifft.»

«Wir haben auch keine Vorbilder», stimmt Holger zu. «Ich wüßte nicht, wo uns jemand vorgemacht hätte, wie man als homosexuelles Paar leben kann.»

«Wir haben eher mitgekriegt, wie man nicht leben kann», fügt Peter hinzu und meint damit die schlechten Beispiele, die manche Homosexuelle und nicht wenige Heterosexuelle – mit ihren nicht funktionierenden Ehen – geben.

Holger nennt noch einen weiteren Grund, wieso für ihn seine jetzige, viereinhalb Jahre alte Beziehung so eine große Bedeutung hat: «Nach meiner Ansicht entwickelt sich Liebe. Das steigert sich wie eine Kurve, wird immer mehr mit der Zeit.»

Ich frage, ob sie noch nie daran gedacht hätten, die Freundschaft abzubrechen.

«Ständig», grinst Peter. «Mindestens einmal im Vierteljahr.»

Auch Holger witzelt darüber. Man merkt, da kennen zwei ihre eigenen Schwachpunkte und die des anderen, können aber auch darüber lachen.

Die Wärme, die trotz mancher Auseinandersetzung zwischen beiden spürbar wird, erfreut mich ungemein. Ich bin sehr froh über ihre Offenheit und Ehrlichkeit. Hier sitzen mir zwei Menschen gegenüber, die sich lieben und die den Wert einer solchen Liebe zu schätzen wissen.

Einmal aber war ihre Beziehung schon hart an der Grenze. Es kriselte zwischen ihnen, Holger fühlte sich vernachlässigt und begann ein Verhältnis mit einem anderen.

«Ich war eigentlich gegen das Fremdgehen, bin ich auch heute noch. Aber ich fand den Typ toll und dachte, ich könnte beide lieben, Peter und den anderen.»

Peter erzählt weiter: «Er hat mir gesagt, er würde auf den anderen genausoviel Wert legen wie auf mich. Da hab ich gedacht, der hat einen Schuß, das kannst du dir nicht gefallen lassen.»

Peter brach die Beziehung ab und ging.

Nach einem Tag hielt er es nicht mehr aus, er rief an. Holger gab sein Verhältnis auf, und der Haussegen hing wieder gerade.

«Und so leben wir nun seit fast fünf Jahren, mit Hochs und Tiefs.»

Fremdgehen steht heute kaum noch zur Debatte.

«Was ich nicht versäumen möchte», sagt Peter, «ist, Leute kennenzulernen. Man braucht eben mal frische Eindrücke oder einfach Leute, mit denen man sich auseinandersetzen kann. Aber worauf ich gerne verzichten kann, ist, daß ich mit den Leuten dann auch schlafe. Da habe ich keine Angst, daß ich was versäume, denn die machen's bestimmt auch nicht anders oder besser als wir beide zusammen.»

Bei unserem ersten Gespräch hatte Peter seinen Wunsch erwähnt, ein Kind zu haben. Auch jetzt kommen wir darauf zu sprechen.

«Momentan ein Kind, das wäre Schwachsinn. Dafür wären wir noch nicht reif genug. Aber so mit dreißig könnte ich mir sehr gut vorstellen, ein Kind zu haben.»

Ob sie dann eines adoptieren wollen?

«Ich würde nicht versuchen, eines zu adoptieren, sondern gern ein eigenes Kind haben. In den USA wird das schon ganz normal praktiziert, auch von Homosexuellen. Eine Frau wird mit dem Samen des einen Mannes künstlich befruchtet. Man macht mit ihr einen Austrage-Vertrag. Falls es klappt und ein Kind geboren wird, bekommt die Frau eine Entschädigung von ungefähr 15 000 DM, und der Mann hat dann hundertprozentig Anspruch auf das Kind. Das ist dann seins.»

Mir ist unwohl bei dem Gedanken, Frauen als bloße Gebärmaschinen zu benutzen, ich weiß aber, daß dieses Verfahren im Land der unbegrenzten Möglichkeiten von Ehepaaren praktiziert wird, bei denen die Frau selbst keine Kinder bekommen kann. Ich muß etwas schmunzeln, als ich daran denke, wie auf diese Weise manche Mutter eines Schwulen doch noch unerwartet Großmutter werden könnte.

Apropos Eltern – ihre Reaktionen auf die homosexuelle Freundschaft sind mittlerweile durch die Bank positiv: «Von meiner Familie werde ich gelobt, daß ich einen festen Freund habe. Studienkameraden wissen es alle, mein Arbeitgeber weiß Bescheid – Reaktionen positiv», erzählt Holger.

Zweieinhalb Stunden sitzen wir nun schon zusammen. Frau Lenz und ich sind zufrieden mit diesem Gespräch. Sie meint zum Schluß: «Ich hätte mich nie getraut, so offene Fragen zu stellen. Es war gut, das alles nicht nur in einem Buch zu lesen, sondern auch zu hören. Für eine Mutter ist so ausführliche Information über Homosexuelle sonst schwer zu bekommen.»

Tatsächlich ist es nicht leicht, allzu direkte Fragen über Dinge zu stellen, die vor einigen Jahren noch absoluter Intimbereich waren. Aber nötig ist es doch, denn wie sonst soll man feststellen, was schon einer anderen Mutter auffiel, mit der ich sprach:
«Es hat mich zwar sehr verwundert, aber Karin und Sigrid haben genau die gleichen Probleme mit ihrer Beziehung, wie ich sie aus meiner Ehe kenne. Streit über unterschiedliche Ansprüche, Auseinandersetzungen um Geldausgaben – was ist da so anders? Außer, sie teilen sich die Hausarbeit und gehen viel zärtlicher miteinander um, als mein Mann es je mit mir getan hat. Ich war fast etwas neidisch, als ich das gesehen hab.»

Mit wenigen Ausnahmen haben homosexuelle Beziehungen in der Tat dieselben Vorzüge und Nachteile, die langjährige heterosexuelle Verbindungen kennzeichnen.

Ehetherapeuten weisen regelmäßig auf Probleme hin, die nur zu deutlich an den ‹Dauerkampf› bei Peter und Holger erinnern: «Die wichtigsten Elemente, die auffallen in der Analyse von Partnerbeziehungen (man beachte die neutrale Bezeichnung! Th. Grossmann), sind also: Symbiose und Machtkampf. Als überindividuelles Muster determinieren sie fast jedes Ehegeschehen ... Das Paar muß lernen, die rechte Basis zwischen Verklammerung und Autonomie zu finden» (Prof. E. Jaeggi in ‹*Psychologie heute*› 9/82). Zu deutsch: Die Sehnsucht nach der Geborgenheit und das Bedürfnis nach Abstand bzw. Individualität stehen in ständigem Wettstreit miteinander und prägen jede längere Beziehung, ob homo- oder heterosexuell.

Keine Angst also – Ihr Kind wird dasselbe erleben können wie Sie selbst, den Himmel und die Hölle auf Erden!

Nun mögen Sie vielleicht fragen, ob lesbische Beziehungen sehr viel anders sind als Mann/Mann-Freundschaften. Ja und nein. Nein, weil einfach bestimmte Probleme in jeder Liebesbeziehung auftreten, wie wir eben schon festgestellt haben. Auch verbindet beide homosexuelle Beziehungen die mögliche Ablehnung der Umwelt, die Diskriminierung oder wenigstens die Angst davor, verbunden mit einer gewissen Selbstzensur. Man verhält sich in der Öffentlichkeit unauffällig, spricht nicht über sein Privatleben usw.

Und doch gibt es Unterschiede, die wieder darauf zurückzuführen sind, daß wir es einmal mit Frauen und einmal mit Männern zu tun haben, die eben in unserer Gesellschaft eine unterschiedliche Erziehung ‹genießen› und verschieden behandelt werden. Das fiel bereits beim Coming Out auf, und auch bei den Beziehungen spielt dies eine Rolle.

Da lesbische Frauen häufiger erst einmal heiraten und Kinder bekommen, gibt es auch mehr lesbische Paare mit Söhnen oder Töchtern. Die Auseinandersetzung um die Erziehung und die Verantwortung um das Kind prägen die Freundschaft erheblich. Beziehungen werden folglich nicht so leicht aufs Spiel gesetzt, da bei einer Trennung mehr als nur zwei Personen betroffen wären.

Verstärkt wird diese Tendenz durch eine asexuelle Erziehung, die erotische Bedürfnisse nur in Verbindung mit Liebe gestattet. Die Folge: Lesbische Beziehungen beginnen häufig sehr viel langsamer und vorsichtiger als solche unter Männern. Der direkte sexuelle Kontakt steht selten am Anfang, und lesbische Partnerschaften sind weniger durch kurze sexuelle Abenteuer gefährdet. Und so dauern sie halt länger. Natürlich spielt dabei auch eine

Rolle, wie schwer es wäre, eine neue Freundin zu finden – Lesben leben eben noch viel versteckter als Schwule.

Diese unterschiedlichen Verhaltensweisen sind selbstverständlich nicht biologisch festgelegt. Es gibt Lesben, die ein ‹männliches› Sexualverhalten haben, und ebenso Schwule, für die Sexualität ohne Liebe unvorstellbar ist. Die Differenzen sind in der Hauptsache eine Auswirkung geschlechtstypischer Erziehung, und sie werden hoffentlich mit der Zeit geringer.

Ein weiterer Unterschied sollte auch möglichst bald abgeschafft werden. Noch immer akzeptiert unsere Gesellschaft Frauen nicht als gleichwertige Beteiligte in der Arbeitswelt. Frauengehälter sind in der Regel Zuverdien-Gehälter, gedacht für Ehefrauen, deren Mann die finanzielle Hauptlast trägt. Zum Mitversorgen einer Freundin reichen Frauenlöhne nur selten – was besonders schlimm ist, wenn beide Frauen ihre Kinder mit in die Beziehung bringen.

Ehe – die einzige Alternative?

Bisher haben wir nur eheähnliche Freundschaften unter Homosexuellen betrachtet.

Aber bei aller Selbstverständlichkeit, die die Ehe bei uns hat, ist die Zweierbeziehung nicht die einzige Lebensform, um Einsamkeit zu vermeiden.

Im Gegenteil: die Bildung eines guten, dauerhaften Freundeskreises kann häufig mehr Geborgenheit und Zuwendung bedeuten als eine abgekapselte Ehe, in der die Frau zu Hause versauert und der Mann abends in die Kneipe flüchtet.

Eine lesbische Frau brachte die Sache sehr gut auf den Punkt: «Wenn ich Leute sagen höre, Homosexuelle seien einsam, dann kann ich nur lachen! Damit wir uns richtig verstehen, ich sage nicht, daß es keine einsamen Homosexuellen gibt. Jeder ist manchmal allein. Aber was ist Ihnen lieber: Teil einer großen Gruppe von Menschen zu sein, die zusammenhalten und sich gegenseitig mögen, oder mit einem einzigen Mann verheiratet zu sein, der denkt, er ist was Besseres als Sie, ohne großartige Chance zu sein, enge Freunde zu haben, weil er sonst eifersüchtig wird, immer ängstlich zu sein, er könnte Sie verlassen und Sie würden dann ganz allein dasitzen? Also, ich frage Sie, wer ist einsam?»

Gewiß, dies ist eine ungewöhnliche Ansicht. Aber überlegen wir einmal genauer. Ist nicht die lebenslange, glückliche Ehe vor allem Tradition und Traum? Ein Traum, der uns in Illustrierten, Romanen und Filmen stets aufs neue suggeriert wird? Es fällt schwer, sich dem zu entziehen. Selbst schlechte Erfahrungen werden weniger auf die Unzulänglichkeit des Modells als auf eigenes Versagen zurückgeführt. Dabei spricht das Ansteigen der Scheidungsraten eine deutliche Sprache. Heute, wo eine Frau nicht mehr notgedrungen aus wirtschaftlichen Gründen an einer Ehe festhalten muß, falls sich die Träume als Schäume herausstellen, wählen immer mehr Frauen den Abbruch der Beziehung, vielleicht sogar das bewußte Alleinleben.

Auch lebenslange Zweierbeziehungen, ob heterosexuelle Ehe oder homosexuelle Freundschaften, schützen nicht vor Einsamkeit. Oder wie soll man es bezeichnen, wenn ein Ehepaar sich nichts mehr zu sagen hat und nur noch ‹nebeneinanderher lebt›? Gar nicht zu sprechen von den Fällen, wo einer der beiden vor dem anderen stirbt.

Ich denke, es ist an der Zeit, die Gleichsetzung von fester Partnerschaft und Glücklichsein ein wenig zu lockern und die Chancen Alleinlebender positiver zu sehen. Es würde allen helfen, ob schwul, lesbisch oder heterosexuell.

Ich denke aber auch, es ist an der Zeit, die von der Umwelt ausgehende Diskriminierung und Verachtung der Homosexualität zu beenden, denn sie ist verantwortlich dafür, wenn sich eine große Zahl homosexueller Männer und Frauen noch schwer tut mit längeren Beziehungen. Wer kann schon sich selbst lieben, solange er von allen verachtet wird? Und wer kann jemand anders lieben, der ebenfalls verachtet wird?

Eine Bewegung gegen Diskriminierung und für Homosexuelle

Man kann nicht über das Leben von Homosexuellen schreiben, ohne die Homosexuellen-Bewegung zu erwähnen. Denn sie ist entstanden, um der Benachteiligung ein Ende zu machen. Kaum ein Elternpaar kennt die Entwicklung, die dazu geführt hat, daß heutzutage auf der ganzen Welt homosexuelle Männer und Frauen engagiert für ihre Rechte eintreten. Deshalb will ich die Geschichte dieser Bewegung kurz darstellen. Vielleicht verstehen dann auch diejenigen besser, warum das Engagement wichtig ist, die jetzt noch wie der Vater eines mit mir befreundeten Schwulen sagen: «Was bringt dies ganze Demonstrieren? Die Mehrheit der Bevölkerung ist gegen Homosexuelle, so ist es nun mal, ob einem das gefällt oder nicht. Man weckt nur schlafende Hunde mit dem

Dr. Magnus
Hirschfeld

Demonstrieren. Die Leute wollen gar nichts drüber wissen. Ich weiß nicht, was es bringt, öffentlich Werbung für Homosexualität zu betreiben.»

Die erste Homosexuellen-Vereinigung der Welt, das Wissenschaftlich-Humanitäre Komitee (WHK), wird 1897 von dem Berliner Arzt Dr. Magnus Hirschfeld gegründet.

Das Hauptziel des WHK ist die Abschaffung des Homosexuellen-Paragraphen 175. Mit Hilfe zahlreicher Prominenter (unter ihnen August Bebel, Käthe Kollwitz, Albert Einstein und Heinrich Zille) wird immer wieder versucht, den Reichstag zu einer Gesetzesänderung zu bewegen.

Gleichzeitig wird innerhalb der Bevölkerung Sexualaufklärung betrieben und im Hirschfeldschen ‹Institut für Sexualforschung› eine emsige Untersuchungstätigkeit entfaltet. In billigen Broschüren wird vieles angesprochen, was im prüden Kaiserreich ansonsten unter den Teppich des Schweigens gekehrt wird, aber die Menschen enorm belastet: Fragen der Verhütung, Ehe- und Sexualprobleme. Natürlich wird auch über Homosexualität geforscht und informiert.

Beinah wird die unermüdliche Tätigkeit des WHK und anderer Homosexuellen-Organisationen durch die Einführung der Straffreiheit für Homosexualität gekrönt. Am 16. Oktober 1929 stimmt der zuständige Ausschuß des Reichstages für eine entsprechende Vorlage. Doch es soll nicht mehr zu einer Verabschiedung des neuen Gesetzes im Plenum des Reichstages kommen – die turbulenten politischen Verhältnisse damals verhindern dies.

Im März 1933 verbieten die Nationalsozialisten die Homosexuellen-Organisationen und deren Zeitschriften. Das ‹Institut für Sexualforschung› wird zerstört, die unersetzbaren Bücher der Bibliothek landen auf dem Scheiterhaufen.

Nach der Verschärfung des Paragraphen 175 im Jahre 1935 kommen Zigtausende homosexueller Männer und Frauen ins Gefängnis oder ins Konzentrationslager, wo sie durch den ‹Rosa Winkel›, ein auf der Spitze stehendes Dreieck, gekennzeichnet werden. Viele von ihnen überleben nicht.

Durch die systematisch betriebene Vernichtung der Homosexuellen in den Konzentrationslagern wird auch die Erinnerung an die ersten Vorkämpfer homosexueller Emanzipation ausgelöscht. Trotz allem überlebt der größere Teil homosexueller Frauen und

Kennzeichen für Schutzhäftlinge in den Konz.Lagern

Form und Farbe der Kennzeichen

	Politisch	Berufs-Verbrecher	Emigrant	Bibel-forscher	Homo-sexuell	Asozial
Grund-farben						
Abzeichen für Rückfällige						
Häftlinge der Straf-kompanie						

Männer das Dritte Reich, aber wer schwul oder lesbisch ist, muß sich auch nach dem Kriegsende weiter verstecken; denn die strafrechtliche Verfolgung hört mit dem Nazi-Regime nicht auf.

Die Nazi-Fassung des Paragraphen 175 bleibt geltendes «Recht» bis zum Jahre 1969. Und bis heute sind diese Verfolgten des Hitler-Regimes weder rehabilitiert noch entschädigt worden. (Näheres dazu in: Stümke/Finkler 1981)

So dauert es in der Bundesrepublik sehr lange, bis die zweite Welle der Homosexuellen-Bewegung aufkommt, welche erst nach der Änderung des Paragraphen 175 am 26. Juni 1969 einsetzt.

Als eigentlicher Beginn der neuen Bewegung gilt jedoch ein Ereignis, welches fast zeitgleich jenseits des Atlantiks stattfindet.

In der Nacht zum 28. Juni kommt es in der New Yorker Christopher Street zu einer heftigen Auseinandersetzung zwischen Polizei und Homosexuellen. Ständige Razzien, die trotz der üblichen

Bestechungszahlungen gemacht werden, bringen die Schwulen und Lesben in der Bar ‹Stonewall Inn› während der frühen Morgenstunden so in Wut, daß sie zum erstenmal aufbegehren.

Dieser Vorfall, der als ‹Stonewall-Aufstand› in die Geschichte eingeht, bildet den Ausgangspunkt für eine neue, diesmal weltweite Schwulen- und Lesbenbewegung. «Raus aus den Verstekken, rein in die Straßen!» heißt die Parole, die bald die Runde macht.

Allen wird klar: Nur Homosexuelle, die sich nicht länger verbergen, können für ihre Rechte eintreten. Sie bilden Gruppen und fordern gemeinsam, was ihnen als einzelnen bis dato vorenthalten wurde: als gleichberechtigte Menschen anerkannt zu werden.

Am ersten Jahrestag des ‹Stonewall-Aufstands› demonstrieren 5000 homosexuelle Frauen und Männer in den Straßen von New York. Das Beispiel macht Schule in anderen Ländern.

Der Film ‹*Nicht der Homosexuelle ist pervers, sondern die Situation in der er lebt*›, angeregt durch die Bewegung in den USA, führt in der Bundesrepublik 40 Jahre nach der Zerschlagung der ersten Emanzipationsbewegung zur Gründung neuer Gruppen.

Heute, 15 Jahre später, gehen in jedem Jahr in aller Welt über einhunderttausend Schwule und Lesben in der letzten Juni-Woche auf die Straße, um für ihre Rechte zu demonstrieren.

Eine Bewegung ist entstanden, die Beachtliches erreicht hat.

Die US-Psychiater-Vereinigung strich 1974 Homosexualität von ihrer offiziellen Liste der Krankheiten, viele Gewerkschaften sprachen sich gegen die Diskriminierung aus, Großfirmen wie IBM erklärten, daß offen Homosexuelle bei ihnen keine beruflichen Nachteile zu befürchten hätten, und in vielen Staaten wurden Anti-Diskriminierungs-Gesetze verabschiedet.

Die durch die Bewegung geweckten ‹schlafenden Hunde› – wie Anita Bryant und ihre Gefolgschaft – mußten einsehen, daß es inzwischen schwerer geworden war, mit den alten Vorurteilen über Homosexuelle bei der Bevölkerung zu landen. Die Ex-Miss Oklahoma Anita Bryant versuchte 1977, Homosexuelle wieder in ihre Gettos zu treiben: «Homosexualität ist ein Werk des Teufels. Wenn man Homosexuellen erlaubt, an die Öffentlichkeit zu gehen, entmutigt dies unsere Kinder.» Aber nach kurzen Anfangserfolgen mußte sie bald aufgeben – es brachte nichts.

Aufklärung der Mitbürger, Kampf gegen Diskriminierung und

ein solidarisches Zusammengehen Homosexueller sind heute die Hauptziele – ob in den USA oder in der Bundesrepublik.

Etwa 200 Schwulen- und Lesbengruppen gibt es derzeit bei uns, und seit 1979 finden auch hierzulande Demonstrationen anläßlich des Jahrestages von ‹Stonewall› statt, in manchen Städten gar ganze ‹Stonewall›-Wochen mit Veranstaltungen, Treffen und Festen. Als Symbol der fortdauernden Unterdrückung tragen inzwischen Homosexuelle auf der ganzen Welt den ‹Rosa Winkel›.

Sie versuchen, Einfluß zu gewinnen und eine Art Interessenvertretung aufzubauen. Durch Öffentlichkeitsarbeit werden Fälle von Diskriminierung bekanntgemacht und nicht selten beseitigt.

Als zum Beispiel Hamburger Schwule und Lesben auf öffentlichen Toiletten Spiegel entdeckten, die von hinten durchsichtig waren und zur Beobachtung Homosexueller benutzt wurden, gab es einen Skandal, und die Spiegel verschwanden.

Als in Köln ein zwanzigjähriges Rot-Kreuz-Mitglied wegen seiner Homosexualität hinausgeworfen wurde, gab es Protest – er konnte bleiben. Statt dessen bekamen die Initiatoren seines Rauswurfs die Empörung und Solidarität von Hetero- und Homosexuellen zu spüren.

Einige Parteien, Gewerkschaften und kirchliche Verbände haben mittlerweile wichtige Forderungen der Bewegung übernommen wie die Aufhebung der rechtlichen Sonderbehandlung, die Anerkennung homosexueller Lebensgemeinschaften, die Entschädigung homosexueller KZ-Opfer und die Schaffung eines Anti-Diskriminierungs-Gesetzes.

Ohne eine Homosexuellen-Bewegung gäbe es keine Beratungseinrichtungen in vielen Städten der Bundesrepublik, kaum öffentliche Diskussionen über gleichgeschlechtliche Liebe und kein Kommunikationszentrum wie das in Hamburg, welches sogar öffentliche Gelder für die Einrichtung erhielt – ein Novum in der Geschichte.

Und ohne Homosexuellen-Bewegung gäbe es nicht die alljährlichen Demonstrationen, die für zahllose Lesben und Schwule der erste Schritt aus der Heimlichtuerei in die Öffentlichkeit zu einem offeneren, freieren Leben sind. Sie können feststellen, daß der gemeinsame Zug durch die Straßen mehr zu einem positiven Selbstwertgefühl beiträgt, als viele Jahre psychotherapeutischer Behandlung.

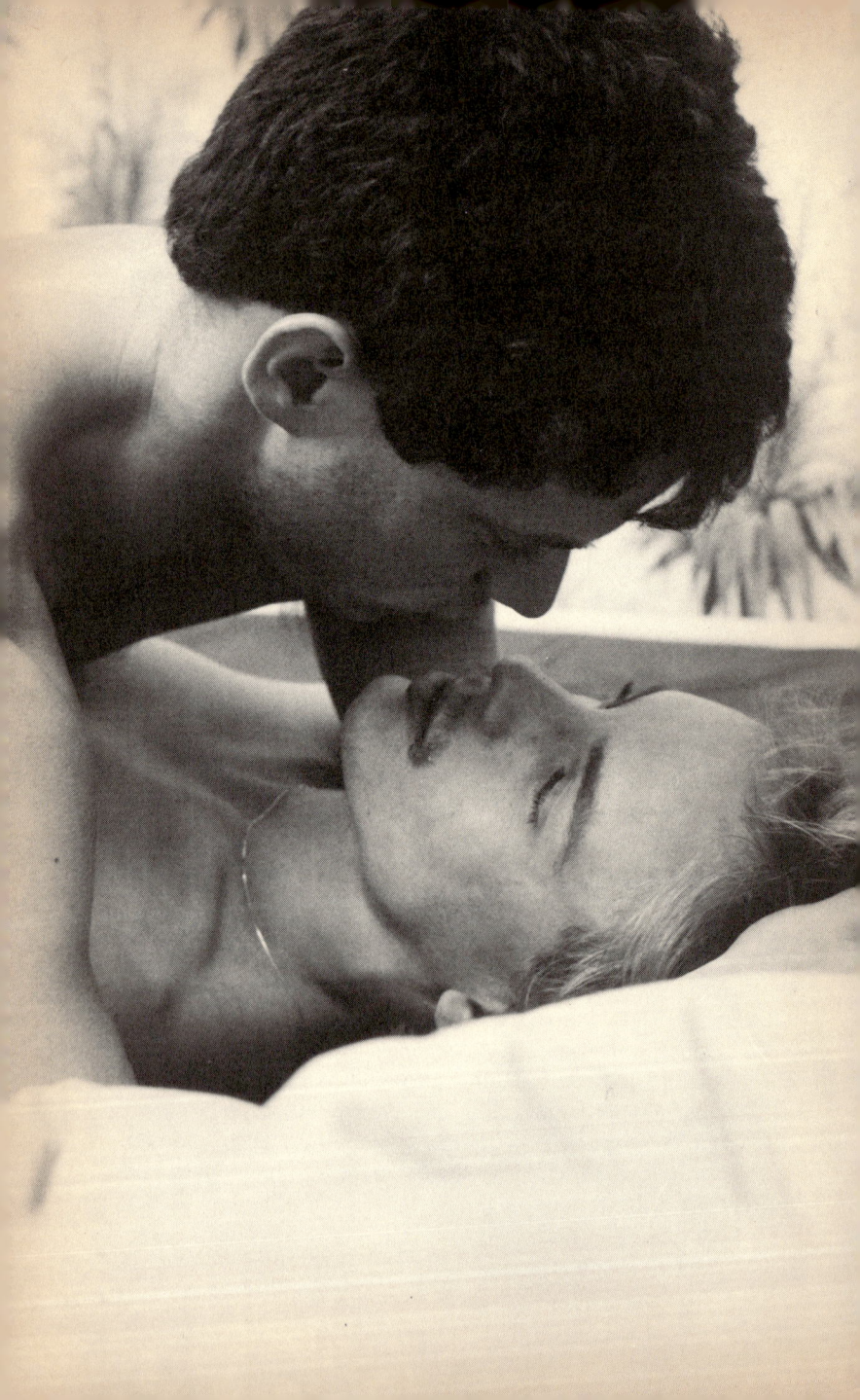

Kapitel 7

Nun auch das noch: AIDS

«Frau Lotze, Jahrgang 43, 2 Kinder» lese ich auf dem Zettel, der vor jeder Beratung ausgefüllt wird. Aha, klickt es bei mir im Kopf, wohl eine Mutter, die einen schwulen Sohn hat oder eine lesbische Tochter. Zur ProFamilia, wo ich seit einiger Zeit die Homosexuellen-Beratung mache, kommen häufiger Eltern.

Frau Lotze ist mir sofort sympathisch. Schnell sind wir im Gespräch, und sie redet keineswegs drumherum.

Ihr 19jähriger Sohn ist homosexuell. Eigentlich kommt sie ganz gut damit klar. Doch eines lastet auf ihrer Seele wie ein Mühlstein.

«Jan hat seit ein paar Monaten einen Freund, einen sehr lieben Jungen, der mir gut gefällt und den ich mag. Nur hat sich jetzt herausgestellt, daß dieser Freund AIDS hat.»

«Sie können sich vielleicht vorstellen, welche Angst ich um Jan habe! Ich habe mich einige Male mit Jan darüber unterhalten und auch alles gelesen, was ich gefunden habe. Ich kann gar nicht mehr ruhig schlafen und weiß nicht weiter.»

Es wird ein fast zwei Stunden dauerndes Gespräch zwischen uns, in dem viele Mißverständnisse geklärt werden.

Schon nach kurzer Zeit stellt sich beispielsweise heraus, daß Jans Freund gar nicht an AIDS erkrankt ist. Er hat sich zwar angesteckt und kann die Infektion weitergeben, ist aber ansonsten gesund.

So ist das eben. Obwohl seit Jahren mehr und mehr über diese Krankheit geschrieben wird, gibt es immer noch viel Durcheinander und Unwissenheit.

Was ist AIDS?

Als vor wenigen Jahren in den USA männliche Homosexuelle an einem ungewöhnlichen Hautkrebs erkrankten, machte der Begriff «Schwulen-Krebs» die Runde – auch unter Wissenschaftlern. Inzwischen wissen wir es besser: Jene Krankheit, die anfänglich so rätselhaft erschien, wurde in erstaunlich kurzer Zeit identifiziert – AIDS.

Dies ist die (englische) Abkürzung für «Erworbene Abwehrschwäche». Mit «Abwehr» ist der komplizierte Mechanismus gemeint, der beim Menschen dafür sorgt, daß nicht jeder Bazillus und jedes Virus, welches in unseren Körper gelangt, gleich eine Krankheit auslöst. Wie ein Schutzschild sorgt dieses System (auch Immun-System genannt) für unsere Gesundheit. Krankheitskeime werden aufgespürt und vernichtet oder unschädlich gemacht.

Erst wenn dieses Abwehrsystem es nicht mehr schafft, weil zu viele Bakterien oder Viren in unseren Körper eingedrungen sind, dann werden wir krank.

In aller Regel merken wir nicht mal, wenn unser Abwehrsystem auf vollen Touren läuft. Wie so oft fällt etwas erst dann auf, wenn es nicht mehr funktioniert.

Und genau das passiert bei AIDS.

Der Körper kann sich nicht mehr wehren, er ist am Ende schutzlos all den Erregern ausgeliefert, die sich überall in unserer Umwelt befinden, die aber einem gesunden Menschen nichts antun können.

Der Kranke bekommt beispielsweise eine Lungenentzündung. Oder den oben erwähnten Hautkrebs. Oder eine schwere Pilzinfektion.

Alles nur, weil das AIDS-Virus (auch HIV genannt) die Körperabwehr so stark zerstört, bis sie schließlich ganz zusammenbricht und der bzw. die Erkrankte an einer (sonst harmlosen) Infektion stirbt.

Noch immer wird AIDS mit Homosexualität zusammengebracht, obwohl längst klar ist, daß AIDS eine Virus-Krankheit ist, die *jeder* kriegen kann. Durch Geschlechtsverkehr, durch verunreinigte Spritzen oder – fast alle Kinder wurden so angesteckt – vor bzw. bei der Geburt. Obwohl in den USA und Europa weiterhin die größte Zahl der Erkrankten homosexuell ist, steigt die Zahl jener Infizierten, die sich durch Geschlechtsverkehr zwischen Mann und Frau anstecken.

Heute, im Frühjahr 1988, weiß man zwar immer noch nicht, wie man AIDS-Kranke heilen oder Gesunde impfen kann, aber eines ist sicher: Man kann sich vor einer Ansteckung schützen.

AIDS kriegt man nicht – AIDS muß man sich holen!

Weltweit streiten sich Experten darüber, wie viele Menschen inzwischen mit dem AIDS-Virus angesteckt sind. Selbst auf der III. Internationalen AIDS-Konferenz 1987 in Washington, bei der ich war, gingen die Meinungen weit auseinander. Vor allem darüber, wie weit sich die Krankheit noch bei uns ausbreiten wird.

Manche Hochrechnungen malen Weltuntergangsbilder: Millionen AIDS-Tote in den 90ern, und wenn wir nicht aufpassen, stirbt die Menschheit noch daran aus!

Wie aber sehen die Fakten aus?

In den USA und Europa steigt die Zahl der Neuerkrankungen langsamer. Während sie sich im Jahre 1985 noch alle acht Monate verdoppelte, dauert es inzwischen 12 Monate oder mehr. Dies ist allerdings noch nicht alles. Viele der Erkrankten haben sich bereits vor Jahren angesteckt, als man noch nicht einmal wußte, wie diese Krankheit entsteht.

Erst 1984 entdeckten Franzosen und Amerikaner kurz nacheinander den Erreger von AIDS. Seitdem ist nicht nur klar, daß es sich um eine Infektionskrankheit handelt, seitdem wissen wir auch, wie man diese Infektion verhindern kann.

Denn das tödliche Virus tut uns einen Gefallen: Es ist nur schwer übertragbar. Nicht durch Niesen wie beim Schnupfen (auch eine Virus-Krankheit), nicht durch Husten wie bei der Tuberkulose, nicht durch das Trinken aus einem Glas oder das Schlafen in einem Bett gelangt das Virus von einer Person zur anderen. Ergebnisse von zwei wissenschaftlichen Untersuchungen dazu: Eltern, Geschwister, Ärzte und Pflegepersonal von über 100 AIDS-kranken Kindern wurden untersucht. Obwohl sie teils sehr engen (auch körperlichen) Kontakt mit dem kranken Kind hatten, steckte sich niemand an. Und bei den bisher über 40000 AIDS-Kranken in USA und Europa kam es lediglich in drei Fällen zur Ansteckung von Pflegepersonal, stets über Spritzen oder Blut, welches in offene Wunden gelangte. Wenig im Vergleich etwa zur Hepatitis B (Gelbsucht). Von ihr sind nämlich ca. 20% des Pflegepersonals infiziert!

Das AIDS-Virus wird eben nur durch direkten Blutkontakt und beim Geschlechtsverkehr übertragen.

Natürlich beruhigt diese Information Frau Lotze nicht im geringsten. «Jan und sein Freund lieben sich doch! Da werden sie doch nicht darauf verzichten, miteinander ins Bett zu gehen!»

«Sicher», antworte ich, «aber selbst dabei muß sich Jan nicht anstecken.»

Sex ist schließlich nicht gleich Sex. Im Bett kann man vieles tun ohne Angst vor Ansteckung haben zu müssen. Anstecken kann man sich nur, wenn Samen- oder Scheidenflüssigkeit in den Blutkreislauf des anderen gelangt.

Dies kann passieren, wenn ein Mann und eine Frau «normal» miteinander schlafen, d. h. Penis in der Scheide. Dies kann auch passieren, wenn ein Mann und eine Frau Analverkehr haben. Beide Male kann Samen in kleinste Wunden gelangen. Allerdings ist bei Infizierten der Samen besonders ansteckend, weil er viel Virusmaterial enthält. In Afrika, wo hauptsächlich Heterosexuelle an AIDS erkranken, ist «normaler» Geschlechtsverkehr wahrscheinlich einer der wichtigsten Übertragungswege.

Wie bei Heterosexuellen kann auch homosexueller Analverkehr zur Ansteckung führen.

Die meisten anderen Sexualpraktiken, vom intensiven Küssen bis hin zum Oralverkehr (bei dem die Geschlechtsteile mit dem Mund berührt werden) sind erlaubt – auch mit einem Infizierten. Streicheln und Schmusen, Küssen und gegenseitige Selbstbefriedigung: Fast alles außer dem Koitus ist ungefährlich. Beim Oralverkehr deuten zwar alle Untersuchungen darauf hin, daß im Speichel virustötende Substanzen sind, ich rate jedoch, keine Samenflüssigkeit in den Mund gelangen zu lassen.

Und sogar der riskante Vaginal- oder Analverkehr verliert viel von seiner Gefahr, wenn man dabei ein Kondom, ein Präservativ, benutzt. Richtig anwenden muß man es jedoch, damit es nicht reißt.

All dies wird heute unter dem Schlagwort «Safer Sex» zusammengefaßt. Weitere Informationen dazu kann man bei der Adresse erhalten, die ich am Ende des Kapitels angeführt habe.

Manche mögen einwenden: Das nützt alles nichts! Wieso erkranken sonst immer mehr Menschen an AIDS?

Man darf zwei Dinge nicht vergessen. Die meisten Menschen, die heute AIDS bekommen, haben sich schon vor langer Zeit infiziert, als wir noch nicht wußten, daß es sich um eine Viruskrankheit handelt und wie man sich ansteckt. Zehn Jahre oder mehr kann es nach Ansicht der Wissenschaftler dauern, bis eine Infektion zur Erkrankung führt.

Außerdem können wir nicht erwarten, daß plötzlich jeder radikal sein Sexualverhalten ändert. So was geht nicht von heute auf morgen.

Deshalb stecken sich auch heute noch Menschen an. Aber weil mehr Menschen vorsichtig sind, werden es allmählich weniger. In San Franzisko, die Stadt mit den meisten AIDS-Kranken und Infizierten, belegen Untersuchungen, daß die Rate der Neu-Infektionen rapide zurückgeht.

Mit AIDS leben

Kehren wir wieder zum Gespräch mit Frau Lotze zurück. Viel weiß sie ja bereits. Trotzdem hat sie Angst. «Das hat gar nichts mit Jans Freund zu tun! Diese Angst hatte ich schon früher. Ich habe wirklich nichts mehr dagegen, daß er sich mehr zu Männern hingezogen fühlt, aber dieses AIDS... Was soll ich denn nun tun?»

Frau Lotze schiebt nicht die Krankheit vor, weil ihr die Homosexualität des Sohnes übel aufstößt. Das spüre ich schnell.

Manchmal kommt das aber vor. Da landen Eltern bei mir in der Sprechstunde und reden immer nur über AIDS. In Wirklichkeit ist AIDS für sie ein willkommener Grund, sich gegen Schwule und Lesben auszusprechen. Da sie für ihr Kind nur das Beste wollen, müßte ihr Kind doch jetzt (!) davon loskommen.

Es ist dann meist schwer, diese Täuschung zu durchbrechen. So wie manch kirchliche Würdenträger AIDS als «Strafe Gottes» für die Sünden der Homosexuellen ansehen und endlich wieder ein schlagkräftiges Argument für bedingungslose eheliche Treue in der Hand zu haben glauben, so benutzen einige Eltern AIDS, um ihr Kind «auf den rechten Pfad» zurückzuführen.

Wie gesagt, für Frau Lotze gilt das nicht. Sie steht vor der schweren Aufgabe, plötzlich direkt vom Thema AIDS betroffen zu sein und damit fertig werden zu müssen.

«Manchmal denke ich mir, ich sollte Jan bitten, sich von seinem Freund zu trennen. Sie können doch nie richtig zusammensein, und wenn er dann schwer krank wird und stirbt... Das hat doch alles keine Zukunft!»

«Sind Sie davon überzeugt, daß dies das Beste für Ihren Sohn wäre?» frage ich.

Sie schaut mich verzweifelt an. «Ich weiß auch nicht.»

«Diese Krankheit macht mich noch verrückt! Ständig ertappe ich mich dabei, wie ich ganz vorsichtig bin, wenn Jans Freund da ist. Ich scheue mich, ihm die Hand zu geben – obwohl ich weiß, daß ich mich dabei nicht anstecken kann!»

So geht es vielen. Sie sind unsicher, die Angst ist groß. Anstatt dann darüber zu sprechen, auch mit demjenigen, den es am meisten angeht, dem Infizierten, ziehen sie sich zurück. Dabei wissen alle, die das AIDS-Virus im Körper tragen, wie unvernünftig ängstlich viele Menschen sind. Sie selbst wollen ja auch auf jeden Fall verhindern, daß sie jemand anstecken! Nur: Solange die Furcht nicht offen angesprochen wird, schwebt sie drohend im Raum und verhindert es, normal miteinander umzugehen. Dabei sehnen sich gerade AIDS-Infizierte, ob nun gesund oder krank, nach Zärtlichkeit und Nähe, die ihnen Geborgenheit vermittelt und die eigenen Sorgen vor der Zukunft mindert.

AIDS weckt so viele Ängste in uns. AIDS hat mit Sexualität zu tun, mit Tod und Sterben – lauter Tabus. Junge Menschen und Sterben – das möchte man beiseite schieben, gar nicht dran denken.

Leichter wird es durch Verschweigen keineswegs. Leichter wird es nur, wenn wir zu den Ängsten und unangenehmen Gedanken stehen. Sie nicht krampfhaft unterdrücken, allerdings auch nicht hemmungslos ausleben. Sich ihnen stellen heißt, sich mit ihnen auseinanderzusetzen, darüber sprechen. Aber gerade über dieses Thema mag man nun mal nicht gerne mit anderen reden: «Nachher denken die noch, man habe selber AIDS, und schneiden einen.»

AIDS-Hilfen:
Unterstützung und Selbsthilfe

Glücklicherweise ist es inzwischen leichter, vertrauensvolle Gesprächspartner zu finden. Frau Lotze empfehle ich, sich an die AIDS-Hilfe zu wenden. Dort gibt es Menschen, die sich schon sehr lange mit dem Thema, auch mit ihren eigenen Ängsten, auseinandergesetzt haben. Dort gibt es teilweise Gesprächskreise für Infizierte oder auch gemütliches Beisammensein, bei denen über alles gesprochen werden kann.

Selbstverständlich könnte sie sich auch an ein Gesundheitsamt oder eine der vielen anderen AIDS-Beratungsstellen wenden.

Doch sollte sie eines bedenken: Diese Krankheit hat sich mit einer enormen Geschwindigkeit ausgebreitet. Ständig finden Forscher Neues, jeden Tag vergrößert sich unser Wissen über AIDS. Als die ersten Beratungsstellen eingerichtet wurden, gab es noch viel zuwenig Ärzte, Psychologen und Sozialarbeiter, die mit den besonderen Problemen einer solchen ansteckenden und tödlichen Krankheit vertraut waren. Oftmals wußten die Kranken mehr als ihre Ärzte, weil sie begierig jede neue Nachricht verfolgten.

Diese Lücke in der Versorgung und Betreuung versuchten Betroffene zu schließen, indem sie Organisationen gründeten, die Hilfe zur Selbsthilfe anbieten sollten: die AIDS-Hilfen.

Viele engagierte Bürger machten mit, und auch Infizierte bzw. Kranke trugen dazu bei, daß es mittlerweile AIDS-Hilfen in fast allen großen Städten gibt. Von der Telefonberatung bis zur Gruppe für Infizierte, vom Yoga-Kurs bis zum Safer Sex-Gesprächskreis gibt es meist ein breites Angebot. Und in einigen Städten trägt die ehrenamtliche Betreuung von Kranken dazu bei, daß diese möglichst wenig in Krankenhäuser müssen und – was noch wichtiger ist – nicht alleingelassen werden mit ihrem Schicksal.

Das öffentliche Gesundheitswesen tut sich hingegen schwer. In einigen Städten gibt es hervorragende Beratung im Gesundheitsamt, die Berater dort kommen dann meist aus den AIDS-Hilfen, aber häufig sieht es noch traurig in den Ämtern aus. Deshalb meine Empfehlung an Frau Lotze, den Kontakt mit ihrer örtlichen AIDS-Hilfe zu suchen.

Ich hoffe, sie kann auf diese Weise etwas von ihrer Angst verlieren und in Zukunft die Freundschaft ihres Sohnes akzeptieren.

«Sie sollten auch folgendes bedenken», sage ich zum Schluß unserer Unterredung. «AIDS ist nicht nur eine schreckliche Krankheit. AIDS fordert uns auch heraus, über uns und unsere Beziehungen, ja über unser ganzes Leben nachzudenken.»

«Wie oft leben wir in den Tag hinein! Ein AIDS-Kranker kann das nicht, er wird damit konfrontiert, daß er bald sterben kann. Dieses Wissen verändert sein Leben und auch das jener Menschen, die ihm nahestehen. In den AIDS-Hilfen gibt es viele Leute, die AIDS-Kranke betreuen, und trotz der großen Schwierigkeiten und schlimmen Zeiten betonen sie, wieviel ihnen diese Arbeit gibt.»

«Vielleicht geht es Jan genauso und seine Freundschaft gibt ihm mehr als jede andere Partnerschaft. Wobei natürlich nicht gesagt ist, daß sein Freund überhaupt krank wird!»

«Lassen Sie den Freund nicht im Stich! Wenn Jan ihn liebt, gibt es viele Möglichkeiten, zusammenzubleiben, ohne sich anzustecken. Das ist zwar manchmal schwer, gerade in der Sexualität. Doch man kann einen anderen Umgang im Bett lernen. Viele Homosexuelle haben das schon getan und eingesehen, daß etwa der Gebrauch von Kondomen nichts ist, was die Freude an der Sexualität verderben muß.»

Sehr hilfreich können Gesprächskreise sein, die von vielen AIDS-Hilfen angeboten werden. Im privaten Kreis spricht man leichter über die Schwierigkeiten, sein sexuelles Verhalten zu ändern. Erlebt man dabei, daß man mit seinen Anfangsproblemen nicht allein steht, dann wird vieles einfacher. Ich schlage deshalb vor, daß Jan mit seinem Freund oder auch allein an einem Gesprächskreis teilnimmt.

«Habe ich mich angesteckt?» – Der Test

Gespräche wie dieses mit Frau Lotze sind noch die Ausnahme. Häufiger taucht die Krankheit nur als Bedrohung auf. Eltern fürchten, ihre Kinder könnten sich anstecken.

Sie wollen ihren Sohn zum «AIDS-Test» schicken.

Sehr überrascht sind sie, wenn ich ihnen eröffne, um was es da eigentlich geht und wie wenig dieser Test letztlich aussagt.

Diese fälschlicherweise manchmal als «AIDS-Test» bezeichnete Untersuchung kann lediglich überprüfen, ob sich im Körper eines Menschen sogenannte Anti-Körper gegen das AIDS-Virus befinden. Erinnern Sie sich an das, was ich über das menschliche Abwehrsystem gesagt habe. Dieses Abwehrsystem funktioniert unter anderem dadurch, daß es Stoffe bildet, die auf einen bestimmten Krankheitserreger zugeschnitten sind und ihn bekämpfen können.

Gegen das Grippe-Virus gibt es spezifische Anti-Körper und natürlich auch gegen das AIDS-Virus.

Diese Antikörper kann man relativ leicht nachweisen, während das Virus selbst nur schwer im Körper zu orten ist. Bei dem Test macht man nun genau das: Antikörper suchen.

Findet man welche, nennt man das Ergebnis «positiv». So ist das nun mal in der Medizin, obwohl die Nachricht für den Betroffenen gewiß negativ ist. Sie bedeutet, daß er infiziert ist und möglicherweise an AIDS erkrankt.

«Negativ» fällt der Test aus, wenn keine Antikörper zu finden sind.

Einen Haken hat die Sache: Liegt die Ansteckung erst kurze Zeit zurück (d. h. weniger als sechs Wochen), dann haben sich womöglich noch keine Antikörper gebildet. Das Ergebnis ist «negativ», obwohl die Person bereits infiziert ist.

Andererseits ist der Test so vorsichtig ausgelegt, daß er manchmal sogar ein «positives» Ergebnis anzeigt, obwohl der Untersuchte nicht infiziert ist! Deshalb macht man heutzutage bei «positiven» Ergebnissen immer einen weiteren Test zu Bestätigung.

Wie so viele medizinische Untersuchungen hat also auch dieser Test seine Unwägbarkeiten. Es ist also gut zu überlegen, ob man den Test machen läßt. Bedenken Sie die Konsequenzen! Heute weiß niemand, wie viele Menschen erkranken werden, die infiziert sind, und wann. Alle Erfahrungen zeigen jedoch, daß ein «positives» Testergebnis fatale Folgen haben kann: Jeder kleine Schnupfen erzeugt panische Ängste, daß es «jetzt losgeht». Jedes Kratzen im Hals wird sorgenvoll wahrgenommen. Dieser Dauerstress schwächt die körperliche Abwehr womöglich mehr als das Virus!

Manch einer hat sich schon das Leben genommen, nachdem sein Testergebnis «positiv» ausfiel. Die Angst vor der tödlichen Krankheit konnte er nicht ertragen.

Viel wichtiger als der Test ist deshalb: Egal, ob «positiv» oder «negativ», wer mehrere Partner hat, sollte sich in seinem Sexualleben darauf einstellen, daß eine Infektion möglich ist. Und das heißt: Kondome beim Geschlechtsverkehr benutzen oder auf Praktiken wie Vaginal- bzw. Analverkehr verzichten.

Ein «negatives» Ergebnis ist also keinesfalls ein «Freibrief».

Wirklich sinnvoll ist der «HIV-Antikörper-Test», wie er richtig heißt, für alle, die Krankheitsanzeichen von AIDS aufweisen und wissen wollen, ob sie infiziert sind oder nicht.

Ein zweiter sinnvoller Grund für einen Test kann sein, daß beide Partner zu Beginn einer Partnerschaft wissen möchten, ob keiner von beiden infiziert ist. In diesem Fall bräuchten sie in der Sexualität miteinander keine Vorsichtsmaßnahmen mehr einzuhalten – sicherlich der angenehmste Weg, sich zu schützen.

Denn eines muß noch einmal besonders betont werden: Nicht Sex ist ansteckend, sondern das Virus! Solange keiner von beiden Partnern infiziert ist, können sie sich auch nicht anstecken.

«Durch AIDS ist alles anders!»

Diesem Stoßseufzer einer Mutter muß ich leider zustimmen.

Durch AIDS haben Gegner von Homosexuellen wieder etwas in der Hand, wodurch Diskriminierung leichter wird. Meldepflicht liefert die Kranken der Menge aus. Zwangstestungen treiben Menschen in den Untergrund und erhöhen nur die Gefahr neuer Infektionen.

Partnerschaften brechen auseinander, weil einer infiziert ist und der andere nicht – oder aus purer Angst. Gar nicht wenige verzichten schon seit langem völlig auf Sexualität.

AIDS rafft viele junge Menschen dahin und läßt die anderen Sexualität oft nur noch mit Angst erleben.

Aber jede Medaille hat nun mal zwei Seiten. AIDS hat auch dafür gesorgt, daß viele sich mehr Gedanken über ihr Leben machen und bewußter leben. Ihre Partner sorgfältiger auswählen. Mehr auf ihre Gesundheit achten.

AIDS verändert unsere Beziehungen, viele sprechen offener und einfühlsamer miteinander, genießen Freundschaft und Partnerschaft stärker als früher.

Vor allem die Auseinandersetzung mit Tod und Sterben fordert uns heraus, mehr aus unserem Leben zu machen.

Das ist eine positive Entwicklung. Vielleicht gibt es bald wirkungsvolle Heilmittel und einen Impfstoff. Hoffen wir, daß anschließend niemand vergißt, was wir im Kampf gegen diese schreckliche Krankheit gewonnen haben.

Wollen Sie mehr lesen oder sich weiter informieren, dann wenden Sie sich doch an eine der vielen AIDS-Hilfen, die es sicher auch in Ihrer Nähe gibt. Die Adressen erhalten Sie gegen Rückporto von der

Deutsche AIDS-Hilfe e. V.
Nestorstr. 8–9
1000 Berlin 31

Sie können dort auch anrufen und nach der Adresse fragen. Die Telefon-Nummer ist 030/8969060. Sie erhalten von dort auch kostenlose, aktuelle Informationen und ebenfalls die Adressen anderer Beratungsstellen.

Ich möchte abschließend noch drei Bücher empfehlen:
- **Eine Stadt lebt mit AIDS – Hilfe und Selbsthilfe in San Franzisko** mit Interviews und Reportagen. Dieses Buch wurde 1986 von der Deutschen AIDS-Hilfe herausgegeben und ist im Nishen-Verlag, Berlin, erschienen.
- **AIDS – Was eine Krankheit verändert**, Hrsg. S. R. Dunde, Fischer-Verlag, Frankfurt 1986: Aufsätze über die Auswirkung von AIDS auf uns alle und wie man die Ängste bewältigen kann.
- **So schütze ich mich vor AIDS,** Heyne-Verlag, München 1987: Antworten auf die 300 meistgestellten Fragen beantwortet Frau Dr. Krahnke, eine sehr engagierte Ärztin aus München.

Kapitel 8

Was tun? Ratschläge und Tips

Ein Neubeginn

Gut ein Jahr ist vergangen, seit Frau Fischer erfahren hat, was mit ihrem Sohn los ist. Wie ist es ihr seitdem ergangen?

«Es war wirklich eine schlimme Zeit. Ich hätte nie gedacht, daß ich damit fertig werde. Gefühlsmäßig ist das auch heute noch schwierig, ich habe doch etwas Schuldgefühle, daß ich was falsch gemacht habe. Clemens versucht mich da immer zu beruhigen, aber das kriege ich einfach nicht weg. Wir können allerdings drüber sprechen und teilweise sogar lachen.

Clemens weiß, daß er mit allem zu mir kommen kann, und ich habe viele seiner Freunde kennengelernt. Ich bin mit denen viel im Gespräch und kann sie offen fragen, falls mir irgendwas nicht klar ist. Das sind alles so nette Jungs, die kann man alle liebhaben. Das sind ganz normale Männer, Leute wie du und ich. Sie lieben halt anders. Ich habe viel von ihnen erfahren, und heute ist die Gefahr wohl nicht mehr so groß, daß mich die Vorurteile und falschen Vorstellungen wieder überfallen.

Das mit den Schuldgefühlen kommt wohl auch wegen meinem Mann. Er sagt zwar nichts mehr dagegen, aber man merkt doch, wie schwer es ihm fällt, sich damit abzufinden. Das macht mich manchmal sehr traurig, weil ich doch möchte, daß er auch wieder ein gutes Verhältnis zu Clemens kriegt.

Denn ich muß sagen, ich liebe meinen Sohn jetzt sogar mehr als früher. Ich weiß nicht, ob es das Gefühl ist, jetzt mußt du ihn gegen den Rest der Welt verteidigen. Ich kann es nicht sagen, es ist eben so. Vielleicht, weil wir viel offener miteinander sprechen können und vieles geklärt ist, was in den Jahren davor zwischen uns stand.

Ich habe auch eine ganze Menge gelesen und mittlerweile mit

vielen Leuten darüber gesprochen. Wenn man allein ist, dreht man sich mit seinen Gedanken leicht im Kreis. Dann kommt die Angst wieder hoch, was werden soll, oder eben die Schuldgefühle.

Seit ich an dem Eltern-Gesprächskreis teilnehme, fühle ich mich sehr erleichtert. Man sieht, die anderen haben auch die Probleme, und man erfährt, was sie darüber denken und wie sie damit umgehen. Dadurch bin ich ruhiger geworden.

Trotzdem war es eine große Umstellung. Am Anfang habe ich ja eigentlich mehr darüber nachgedacht, was seine Homosexualität für mich und mein Leben bedeutet.

Es war wirklich absurd.

Ich saß zu Hause und zerbrach mir den Kopf über seine Zukunft und dachte immerzu, wie schlimm alles ist, und er war in Wirklichkeit sehr glücklich.

Da hab ich gemerkt, wie wichtig es ist, zu schauen, was denn mit ihm ist. Ihm einfach mal in Ruhe zuzuhören.

Das war zwar alles neu für mich, aber wenn er erzählte, wie sehr er seinen Freund liebt, dann hat das schon etwas verändert bei mir. Mir wurde irgendwann klar: nicht er mußte sich verändern, sondern ich!

Das war so schwer, sich von den ganzen alten Vorstellungen loszulösen, und teilweise hab ich mich furchtbar dagegen gewehrt. Aber wenn ich dann wieder mitkriegte, wie phantastisch Clemens sich entwickelt hat, seit er offen damit umgeht, und wie lebhaft er geworden ist, dann wurde mir klar, daß es so das Beste für ihn ist.

Das hat mir auch eine Freundin gesagt, die das gleiche Problem mit ihrem Ehemann hat. Nach zehnjähriger Ehe stellt sich heraus, daß er homosexuell ist.

Sie sagte mir, da kannst du überhaupt nichts dran ändern, dadurch verschlimmerst du nur alles und treibst ihn noch mehr weg von dir und in die Szene rein.

Deshalb denk ich, wenn das sein Weg ist, dann muß er ihn eben gehen.

Wenn ich das jetzt so rückschauend betrachte, dann sind doch viele meiner Befürchtungen nicht eingetreten ... Mit seinem ersten Freund war zwar nach einem halben Jahr Schluß, aber inzwischen hat er wieder jemanden gefunden.

Auch sonst hat er viele Freunde und macht in so einer Gruppe mit.

Er will sogar, daß ich bei ihrer nächsten Demonstration mitlaufe, aber das kann ich noch nicht.

Ich meine, die meisten wissen ja Bescheid, aber es gibt doch immer noch Leute, wo ich nicht so gern hätte, wenn die etwas erfahren ... Vielleicht später mal, wenn mein Mann besser damit zurechtkommt, dann würde ich eventuell auch mitgehen. Denn ich denke mir, daß sich viel mehr Heterosexuelle für die Homosexuellen einsetzen müßten, damit sie anerkannt werden.

Was den Beruf von Clemens angeht, sehe ich das auch nicht mehr so tragisch. Ich habe zwei Lehrer kennengelernt, die miteinander befreundet sind und von denen einer sogar auf dem Land in einer kleineren Schule unterrichtet. Die sind sehr offen damit und können trotzdem als Lehrer arbeiten. Anscheinend hat sich doch etwas getan in letzter Zeit.

Insgesamt gesehen muß ich sagen, es war bestimmt nicht leicht, und ich möchte es nicht noch mal durchmachen, aber wir haben es überlebt – im Grunde sogar recht gut.»

Frau Fischer hat in meinen Augen Enormes geleistet. Trotz der Schmerzen über enttäuschte Hoffnungen und der Sorgen um das, was werden soll, ist sie Schritt für Schritt in die richtige Richtung gegangen. Dabei ist sie kein Einzelfall, sie ist nicht die erste, von der ich vergleichbare Berichte bekommen habe.

Sie ist aber auch nicht die erste, die in vielerlei Hinsicht ratlos war. Wie sollte sie sich ihrem Sohn gegenüber verhalten? Wie konnte sie selbst am besten mit den auftretenden Konflikten fertig werden?

Deshalb sollen eine Handvoll Ratschläge und Tips dieses Buch beschließen.

Aber Vorsicht!

Es gibt keine Rezepte zur Bewältigung von Konflikten. Jeder muß seine eigenen Lösungen finden, gerade bei vielschichtigen Problemen, von denen hier die Rede ist.

Und doch gibt es Grundsätze, ganz allgemeine Grundsätze, die helfen können, Auseinandersetzungen zu entschärfen oder gar zu vermeiden und Schwierigkeiten besser in den Griff zu bekommen, es sich selbst und den anderen leichter zu machen.

In diesem Sinne lege ich Ihnen hier zehn Vorschläge vor, die sich zwar teilweise auf Erkenntnisse der Familientherapie und der Kommunikationspsychologie stützen, aber letztlich hier stehen, weil sie sich in meiner Beratungsarbeit für die spezielle Situation von Eltern homosexueller Kinder als tauglich erwiesen und in der alltäglichen Praxis bewährt haben.

Noch einmal: die Vorschläge entstammen zwar allesamt den persönlichen Erfahrungen vieler Eltern, aber es sind keine Rezepte! Überlegen Sie also in jedem Fall genau, ob ein Vorschlag für Sie und Ihre spezielle Situation brauchbar ist.

Was Sie für sich selbst tun können

1. Viel darüber sprechen –
   nicht alles mit sich allein abmachen!

Sprechen Sie mit Ihrem Kind, fragen Sie, wenn etwas unklar ist. Das kann schwer sein, falls Konflikte in Ihrer Familie bisher lieber unter den Teppich gekehrt wurden. Aber nur im gemeinsamen Gespräch kann der möglicherweise entstandene Graben in beiderseitiger Anstrengung wieder zugeschüttet werden.

Sprechen Sie mit Freunden, Bekannten oder auch einem Arzt, Pastoren oder Psychologen Ihres Vertrauens. Es mag Ihnen unangenehm erscheinen, über derart persönliche Dinge mit anderen zu reden, aber es zahlt sich gewiß aus! Diese Erfahrung haben viele Eltern von Homosexuellen bereits vor Ihnen gemacht.

Falls es eine Gelegenheit dazu gibt, sprechen Sie auch mit anderen betroffenen Eltern. Es haben sich in einigen Städten Elterngesprächskreise gebildet, in denen Sie jederzeit willkommen sind. Oder Sie versuchen, über die Freunde bzw. Freundinnen Ihres Kindes mit deren Eltern ins Gespräch zu kommen. In der Regel sind auch diese froh, sich mal mit ‹Leidensgenossen› unterhalten zu können.

Je mehr Sie mit teilnahmsvollen Menschen reden, desto leichter wird es für Sie, die vierte Phase zu erreichen, von der im 3. Kapitel die Rede war, den Neubeginn.

2. Die eigenen Gefühle nicht verdrängen!

Wenn Sie schockiert, getroffen, enttäuscht, traurig sind – sagen Sie es! Täuschen Sie nichts vor, was Sie nicht wirklich empfinden! Es nützt überhaupt nichts, Ihrem Kind, der Umwelt oder gar sich selbst vorzumachen, die Homosexualität Ihres Kindes würde Ihnen nichts ausmachen. Das glaubt Ihnen sowieso keiner.

Leider wurden Kinder früher (und zum Teil noch heute) erzogen mit dem Anspruch «Bloß nichts anmerken lassen». Es galt als ungehörig, anderen seine Gefühle zu zeigen. Und so tragen wir jeder für uns allein unsere Ängste und Frustrationen mit uns herum, versteckt unter einer Maske der Unverletzbarkeit. Jeder, der sich nur ein wenig mit Psychologie beschäftigt hat, weiß, wie schädlich das für unser Zusammenleben und wie belastend es für jeden von uns ist.

Offenheit bringt uns zueinander. Wenn Ihr Kind sich auch nur ein bißchen in Ihre Lage hineinzuversetzen versteht, wird es Ihre Gefühle respektieren. Es weiß selbst gut genug, wie schwer es ist, Homosexualität bei sich zu akzeptieren.

Es ist nicht nötig, daß Sie sofort, von heute auf morgen, die Homosexualität Ihres Kindes annehmen können. Das wäre in den meisten Fällen eine glatte Überforderung.

Wenn für Sie eine Welt zusammengebrochen ist, sagen Sie das.

Wenn Sie zutiefst enttäuscht sind, sagen Sie das.

Wenn Sie plötzlich das Gefühl haben, daß Ihnen Ihr Kind fremd ist, sagen Sie das.

Besser, Sie sprechen es aus, anstatt es runterzuschlucken.

Es gibt dabei allerdings etwas zu berücksichtigen. Es sind *Ihre* Gefühle, *Ihre* Ängste, *Ihre* zusammengebrochenen Erwartungen. Wenn Sie dann sagen: «Du enttäuschst mich», geben Sie dem anderen die Verantwortung für das, was *Sie* fühlen.

Die Reaktion ist damit vorprogrammiert: entweder wird der andere aggressiv, weil er sich wehren muß, oder er entwickelt Schuldgefühle. Beides bringt nicht weiter.

Bessere Chancen dafür, daß das Gespräch weitergeht, schaffe ich, wenn ich dem anderen mitteile, was in *mir* vorgeht. Eine solche Redeweise sagt etwas über mich und meine Gefühle aus, ohne gleichzeitig dem anderen die Schuld dafür in die Schuhe zu schieben.

Das könnte etwa so klingen: «Ich bin entsetzlich enttäuscht, es ist alles so schwer zu begreifen für mich. Da ist so viel zerbrochen, und ich weiß nicht, was daraus wird. Ich kann das alles nicht verstehen und brauche erst mal Ruhe, um drüber nachzudenken. Im Moment bin ich nicht in der Lage, darüber zu sprechen.»

Möglicherweise aber waren Sie zu einer wohlüberlegten Reaktion überhaupt nicht in der Lage, Sie haben aufgebracht und wütend reagiert, Ihr Kind angeschrien, vielleicht sogar Schlimmeres gemacht.

Dann ist es trotzdem nicht zu spät, es wiedergutzumachen, etwa so: «Damals, als du uns eingeweiht hast, war ich so getroffen, so wütend auf dich, daß ich Dinge gesagt habe, die mir jetzt sehr leid tun. Ich denke heute anders darüber. Bitte versuch, das zu verstehen und mir zu verzeihen.»

Ich möchte wetten, Ihr Kind wäre heilfroh, das von Ihnen zu hören.

Verschweigen der wirklichen Gefühle – das funktioniert nicht. Sie kommen immer wieder hoch und zerstören das Vertrauen.

3. Das Gespräch mit Homosexuellen suchen!

Der beste Weg, um Ihre Vorstellungen über Homosexuelle an der Wirklichkeit zu überprüfen, ist, mit homosexuellen Männern und Frauen in Kontakt zu kommen. Vieles, was Sie vielleicht Ihr eigenes Kind nicht fragen mögen, können Sie dadurch erfahren.

Fragen Sie ruhig nach persönlichen Erfahrungen, nach dem Verhalten der Eltern, nach dem Leben als Homosexueller – die meisten werden sich über Ihr Interesse freuen und bereitwillig Auskunft geben.

Wahrscheinlich wird es Ihnen am Anfang schwerfallen, sich ungezwungen mit Homosexuellen zu unterhalten, vor allem, wenn es sich um den Freund Ihres Sohnes oder die Freundin Ihrer Tochter handelt. Aber wenn Sie die Scheu überwinden, werden Sie merken: es lohnt sich!

4. Geeignete Bücher lesen!

Es gibt noch nicht viel an guter deutschsprachiger Literatur zum Thema. In Romanen wird zumeist ein beklagenswertes Schicksal geschildert, das Mitleid wecken soll. Erst in letzter Zeit kommen auch bei uns Bücher heraus, die einen guten Eindruck vom Leben homosexueller Männer und Frauen vermitteln. Dies gilt ganz besonders für Sachbücher. Falls Sie also noch mehr lesen möchten, hier eine kleine Auswahl:

- **Homosexuelle Liebe** von H. G. Wiedemann, Kreuz Verlag 1982: Behandelt das Thema vorwiegend aus christlicher Sicht. Autor ist Gemeindepfarrer in Düsseldorf.
- **Verschwiegene Liebe** von S. v. Paczensky, Rowohlt 1984: Eine der wenigen Untersuchungen über lesbische Frauen.
- **Kinsey Report über weibl. u. männl. Homosexualität,** Goldmann 1981: Bisher größte Untersuchung, bei der homo- und heterosexuelle Männer wie Frauen über viele Aspekte ihres Lebens befragt wurden.
- **Homosexualität** von G. Bleibtreu-Ehrenberg, Fischer 1981: Detailliert wird behandelt, wie alt die Vorurteile gegen Homosexuelle schon sind und womit sie zusammenhängen.
- **Der gewöhnliche Homosexuelle,** M. Dannecker/R. Reiche, Fischer 1974: Untersuchung über Homosexuelle in der Bundesrepublik. Nicht mehr im Handel, aber z. B. in Büchereien erhältlich.
- **Sexualwesen Mensch,** Hrsg. H. Kentler, Hoffmann & Campe 1984: Grundlegende Texte der modernen Sexualforschung; helfen beim Verständnis von Sexualität überhaupt.
- **Die Sexualität des Menschen** von E. J. Haeberle, de Gruyter 1983: Ein großartiges Buch über Sexualität in all ihren Erscheinungsformen.

Zwei Bücher zum Thema AIDS habe ich am Ende des entsprechenden Kapitels aufgeführt.

Falls Sie mögen, schauen Sie doch auch mal in meine beiden Bücher, die in der Rowohlt-panther-Reihe erschienen sind: **Schwul – na und?** für Jugendliche und **Beziehungsweise andersrum** über homosexuelle Partnerschaften.

5. Ihr Kind als ganze Person sehen – nicht nur als Homosexuellen!

Weil einem Homosexualität so fremd ist, gerät man leicht in die Lage, den eigenen Sohn oder die eigene Tochter wie ein fremdes Wesen anzusehen. Aber Ihr Kind ist nicht plötzlich ganz anders, nur weil es homosexuell ist.

Die Homosexualität ist eine Seite seiner Persönlichkeit.

Wenn Sie Ihr Kind bisher als eher ruhig und gefühlvoll kennen, dann ist es das auch als Homosexueller. War es bisher lebhaft und liebenswürdig, dann wird es das auch als Homosexueller sein. Vergessen Sie, was Sie früher über Schwule und Lesben gehört haben! Ihr Kind ist so, wie es ist, nicht wie das Bild, das Sie sich vielleicht aus Zeitung oder Fernsehen gemacht haben.

6. Schluß mit den Schuldgefühlen!

Niemand ist schuld daran, daß Ihr Kind homosexuell ist. Niemand, weder Sie noch andere! Genausowenig wie jemand schuld daran ist, daß es regnet oder die Sonne scheint. Wenn überhaupt jemand schuldig geworden ist, dann ist es unsere Gesellschaft, die Homosexuellen gleiche Lebenschancen verweigert.

Fühlen Sie sich also nicht schuldig, sondern seien Sie stolz darauf, daß Ihr Kind die Fähigkeit besitzt, andere Menschen zu lieben.

Was Sie für Ihr Kind tun können

1. Zuhören

Geben Sie Ihrem Kind eine Chance, zu erzählen, was mit ihm los ist und was es von Ihnen erwartet. Hören Sie genau hin, was es für das Kind bedeutet, homosexuell zu sein. Versuchen Sie nicht, Ihrem Kind zu erklären, was Ihrer Meinung nach mit ihm los ist. Das weiß Ihr Kind selbst besser.

Bemühen Sie sich, seine Ängste und auch Hoffnungen zu verstehen, kurz: Seien Sie bereit, zuzuhören und zu lernen.

2. Sicherheit, Liebe, Vertrauen vermitteln

Dies ist das Wichtigste. Fast alle Homosexuellen haben eine Heidenangst davor, ihre Eltern einzuweihen, weil sie befürchten, zurückgestoßen zu werden und die Zuneigung von Mutter und Vater zu verlieren. Deshalb ist es so nötig, wenigstens dies eine klarzumachen: «Wir lieben dich, auch wenn es uns schwerfällt, deine Homosexualität zu akzeptieren. Du bist trotzdem unser Kind, und wir stehen zu dir.»

Je mehr Sie ihm Zuneigung vermitteln können, je mehr Sie sich über das Vertrauen Ihres Kindes freuen können, desto besser.

Eventuell sind Sie aber auch im ersten Moment derart getroffen, daß Sie unmöglich so etwas zu Ihrem Sohn oder Ihrer Tochter sagen können.

Bei manchen Eltern ist tatsächlich fürs erste die Zuneigung zerstört. Dann verlangen Sie nichts Übermenschliches von sich selbst, sondern warten Sie ab, bis sich etwas geändert hat. Aber warten Sie nicht zu lange! Denn jedes Kind, gerade auch ein homosexuelles, braucht die Zuneigung der Eltern.

3. Unterscheiden: meine Erwartungen – deine Erwartungen

Ihr Kind wird ein anderes Leben führen als Sie.

Das ist keine außergewöhnliche Tatsache.

Die meisten Eltern müssen nach und nach erkennen, daß ihre Kinder andere Ziele haben und andere Erwartungen ans Leben stellen. Bei Homosexuellen wird diese Tatsache nur sehr viel plötzlicher und deutlicher sichtbar.

Um so wichtiger ist es, zu unterscheiden: dies hier sind meine Bedürfnisse und Erwartungen (z. B. das Kind heiratet und kriegt selbst Kinder; es soll ein ordentlicher Mensch werden), und das sind deine (als homosexueller Mensch leben, sich nicht verstekken, akzeptiert werden).

Diese Unterschiede zu erkennen, ist schon ein großer Schritt nach vorn. Denn dann können Sie sich fragen: Was tue ich, wenn ich alle meine Befürchtungen und Erwartungen einem anderen Menschen aufzwinge, und dazu noch einem, den ich liebe?

Ihr Kind wird seinen eigenen Weg gehen müssen, und eine wirkliche Hilfe besteht darin, es dabei zu unterstützen.

Viele Eltern versuchen in ihrer Verzweiflung, doch noch etwas an der Tatsache zu ändern, daß ihr Kind homosexuell ist.

«Du bist bestimmt eher bisexuell.»

«Versuch es doch erst mal mit einem Mädchen.»

«Geh zum Psychiater.»

Es wäre gut, wenn Sie dieser Versuchung widerstehen können – sie führt zu nichts außer Ärger und Verunsicherung.

Homosexualität ist zu fest in der Persönlichkeit verankert, als daß Sie noch daran zu rütteln vermöchten, sobald Sie davon erfahren. Obendrein wird das von Ihrem Kind erst einmal als Ablehnung verstanden.

Bemühen Sie sich lieber, Ihr Kind als das zu akzeptieren, was es ist, und helfen Sie ihm, eine eigene homosexuelle Identität zu erlangen.

4. Die eigene Angst vor der Homosexualität überwinden!

Die Vorstellung von Liebe mit Menschen des eigenen Geschlechts macht uns allen erst einmal Angst. Angst vor Ablehnung, Ekel und Unsicherheit beherrschen unsere Gefühle.

Es ist notwendig, sich dessen ganz bewußt zu werden! Viele Argumente in Gesprächen und Diskussionen sind einzig und allein aus der Angst geboren. Nur dann können wir vernünftig und damit menschlich mit Homosexualität und Homosexuellen umgehen, wenn wir diese Angst sehen und überwinden lernen.

Beschäftigen Sie sich deshalb intensiv mit den Gefühlen, die Homosexualität bei Ihnen auslöst.

Hatten Sie vielleicht in der Jugend mal eine enge gleichgeschlechtliche Freundschaft?

Bekamen Sie mal einen Antrag von einem Homosexuellen, den Sie empört abwiesen?

Woher kommt der Ekel vor Sexualität mit Angehörigen desselben Geschlechts, wo doch Sexualität zwischen Mann und Frau von

den meisten Menschen nicht als ekelhaft empfunden wird?

Je mehr Sie sich mit Ihrem ganz persönlichen Verhältnis zur Homosexualität auseinandersetzen, desto mehr helfen Sie auch Ihrem Kind. Denn Schwul- oder Lesbisch-Sein ist nicht nur das Problem der Betroffenen, sondern genauso das Problem der anderen. Nur beide gemeinsam können es lösen.

Kein Ende, sondern ein Neubeginn

Eltern eines homosexuellen Kindes zu sein, ist nicht gerade die leichteste Sache von der Welt. Sich damit abzufinden, dauert lange. Gerade in Bereichen, die noch sehr tabuisiert sind, zu denen auch «sexuelles Anderssein» gehört, gehen Veränderungen nur langsam vor sich. Also lassen Sie sich Zeit, überstürzen Sie nichts!

Alles, was Sie brauchen, ist die Bereitschaft, zu verstehen und zu lernen.

Selbstverständlich wird es Rückschläge geben. Man glaubt, es verwunden zu haben, und plötzlich kommt alles wieder hoch. Doch auch das ist kein Rückschritt – die alten Gefühle brauchen eben lange, bis sie verschwinden. Sprechen Sie dann mit anderen. Vielleicht lesen Sie auch noch einmal einiges in diesem Buch nach.

Jeder Konflikt ist zugleich Risiko und Chance.

Ein homosexuelles Kind zu haben, mag Sie zutiefst erschüttern. Aber es kann auch positive Veränderungen in Ihr Leben bringen, wie Sie sie kaum noch für möglich gehalten hätten. Ich möchte das Buch mit dem Zitat einer Mutter beenden, das für eine ganze Reihe Eltern gilt, mit denen ich gesprochen habe. Ich hoffe, Sie können etwas Ähnliches später einmal auch von sich sagen.

«Beinahe müßte ich glücklich sein, daß meine Tochter lesbisch ist. Die ganze Sache hat mich aufgerüttelt aus meinem Trott, und ich bin jetzt selbst viel freier geworden. Früher habe ich alles geglaubt, was in Büchern stand, heute bin ich viel mißtrauischer geworden und mache mir mehr eigene Gedanken. Ich gehe auch mehr raus, unter Menschen, lerne neue Dinge kennen, lebe eigentlich wieder mehr. Am Anfang habe ich nur die schlimmen Seiten gesehen, jetzt ist mir klar, daß es auch eine große Chance war.»

Statt eines Nachworts

Peter-Michael Simon war homosexuell. Am 20. April 1974 setzte der zweiundzwanzigjährige Jura-Student seinem Leben ein Ende. Etwa ein Jahr später schrieb seine Mutter folgenden Brief:

«Als ‹Selbstmordmutter› eines Homosexuellen wende ich mich vor allem an die Eltern junger homosexueller Söhne.

Im April 1974 beging mein 22jähriger Sohn Selbstmord, ohne auch nur den geringsten Anhaltspunkt für die Gründe seiner Tat zu hinterlassen.

Der Selbstmord war seit Monaten mit größter Sorgfalt durchdacht und vorbereitet worden – es war also keine Affekthandlung.

Rein zufällig fanden wir Anhaltspunkte dafür, daß mein Sohn homosexuell veranlagt gewesen sein mußte und damit nicht fertig geworden ist. Mein Sohn hat nie eine Andeutung darüber gemacht, daß es für ihn ein solches Problem gibt. Ich selbst wußte von Homosexualität so gut wie nichts. Als mein Mann wenige Monate vor dem Tod unseres Sohnes eine Andeutung machte, ob unser Sohn wohl homosexuell sein könnte, weil er mit 21 Jahren noch keine Freundin hatte, verwarf ich diesen Gedanken als absurd.

Erst nach dem Tod meines Sohnes informierte ich mich gründlich anhand von Fachliteratur über das Thema Homosexualität und begriff sehr schnell, wie nötig Homosexuelle unserer Hilfe bedürfen. Und zwar nicht etwa nur durch Toleranz unserer Gesellschaft als den bequemsten Weg, indem man sie eben nur duldet und sonst nichts damit zu tun haben will, sondern indem wir uns bemühen, das Wesen des Homosexuellen zu verstehen und ihn so anerkennen, wie er mit seiner Veranlagung ist.

Vor allem der junge Homosexuelle braucht das Verständnis und die Hilfe des Elternhauses, denn er selbst hat es unendlich schwer, sich selbst mit seiner Veranlagung anzuerkennen und die dadurch entstehenden Probleme zu bewältigen.

Es ist mir als Mutter restlos unverständlich, wenn Eltern ihre Söhne plötzlich ablehnen, die sie großgezogen und geliebt haben, nur, weil sie plötzlich merken oder erfahren, daß sie homosexuell sind.

Der Homosexuelle hat ja diese Veranlagung nicht selbst verschuldet.

Indem die Eltern ihr Kind ablehnen, weil es homosexuell ist, treiben sie es in eine furchtbare Isolation, die sehr leicht in einem tragischen Selbstmord oder einem ‹Abrutschen auf die schiefe Bahn› enden kann.

Ich habe Kontakt zu Homosexuellen aufgenommen, weil ich wissen wollte, *wie sind* Homosexuelle, wie bewältigen sie ihre Probleme usw., und ich versuche zu helfen, soweit das einem als Laien möglich ist. Ich versuche, im Bekanntenkreis durch aufklärende Gespräche Vorurteile gegen die Homosexualität abzubauen und Verständnis für die Probleme der Homosexuellen zu wecken.

Ich finde es vollkommen richtig, daß sich gerade die *jungen* Homosexuellen in Gruppen zusammenschließen, um gemeinsam zu versuchen, ihre Probleme zu lösen. *Wir* sollten ihnen helfen, indem wir sie darin unterstützen, ihre Zusammenkünfte mit Diskussionen, Vorträgen, Aussprachen usw. besuchen und uns nicht gleich ablehnend gegen sie stellen. Im Elternhaus sollte man den Freund des Sohnes akzeptieren, wie man im ‹Normalfall› die Freundin akzeptiert.

Das alles bringt natürlich auch für uns Probleme, aber mit Einsicht und gutem Willen lassen sie sich durchaus lösen. Glauben Sie mir, daß ich diese Sätze nicht leichtfertig niederschreibe, sondern daß die Grausamkeit des Schicksals – zwischen mir und meinem Sohn bestand eine sehr innige Verbindung – mich zu diesen Erkenntnissen und meinem Handeln zwingt.

Das Wissen, daß eine Aussprache den Selbstmord meines Sohnes verhindert hätte, ist eine zusätzliche Last zu dem unsagbaren Leid, das der Tod des Sohnes auf so tragische Weise hinterlassen hat.

Darum wende ich mich hier an die Allgemeinheit, in der Hoffnung, daß dies tragische Schicksal recht viele Menschen zum Nachdenken und positiven Erkenntnissen für die Homosexuellen anregt.»

Hildegard Simon, Weinheim

Literatur

BELL, A. P.; WEINBERG, M. S.; HAMMERSMITH, S. K.: Der Kinsey Institut Report über sexuelle Orientierung und Partnerwahl. Bertelsmann, München 1981

BLEIBTREU-EHRENBERG, G.: Homosexualität. Fischer, Frankfurt 1981

BORNEMANN, E.: Lexikon der Liebe. Ullstein, Frankfurt, Berlin, Wien 1978

BOWLBY, J.: Processes of Mourning, in: Int. J. Psycho-Anal. 42. 1961

DANNECKER, M.; REICHE, R.: Der gewöhnliche Homosexuelle. Fischer, Frankfurt 1974

EHRHARDT, A. A.: Prinzipien der psychosexuellen Differenzierungen, in: BISCHOF, N.; PREUSCHOFT, H. (Hrsg.): Geschlechtsunterschiede – Entstehung und Entwicklung. Beck, München 1980

FORD, C. S.; BEACH, F. A.: Formen der Sexualität. Rowohlt, Reinbek 1968

FREUD, S.: Drei Abhandlungen zur Sexualtheorie. Fischer, Frankfurt 1961

GROSSMANN, T.: Schwul – na und? Rowohlt, Reinbek 1981

GROSSMANN, T.: Beziehungsweise andersrum, Reinbek 1986

HAEBERLE, E. J.: Die Sexualität des Menschen. de Gruyter, Berlin, New York 1983

HUMPHREYS, L.: Klappensexualität. Enke, Stuttgart 1974

JAEGGI, E.: Wenn Ehen älter werden, in: Psychologie heute 9/82

JAEKEL, H. G. (Hrsg.): Ins Ghetto gedrängt. Lutherisches Verlagshaus Hamburg 1978

KENTLER, H. (Hrsg.): Die Menschlichkeit der Sexualität, Kaiser, München 1983

KINSEY, A.: Das sexuelle Verhalten des Mannes. Fischer, Frankfurt 1965

LAUTMANN, R.: Seminar: Gesellschaft und Homosexualität. Suhrkamp, Frankfurt 1977

SCHÄFER, S.; SCHMIDT, G.: Weibliche Homosexualität. Unveröff. Manuskript 1973

SIEMS, M.: Coming Out. Rowohlt, Reinbek 1984

STÜMKE, H. G.; FINKLER, R.: Rosa Winkel, Rosa Listen. Rowohlt, Reinbek 1981

WIEDEMANN, H. G.: Homosexuelle Liebe. Kreuz Verlag, Stuttgart, Berlin 1981

C 2120/5

C 2120/5a

rororo MANN

rororo
MANN

C 2120/5b

rororo MANN

ro ro ro MANN

C 2120/5c

ro
ro
ro

C 2182/2